建築・都市レビュー叢書 05

隈研吾という身体

自らを語る

大津若果 *Mizuka Otsu*

NTT出版

序　隈と隈以外を分かつもの

エンクロージャーとしての建築

二〇世紀後半に、建築家やその関係者たちに向けて、レム・コールハースの果たした役割は小さなものではなかった。とりわけ、日本には、レムからの影響力の強い建築家たちが数多く存在している。例えば、一九五六年生まれの妹島和世は「私にとっては、コールハースはみんなの財産みたいなもので、コールハースがやったことはあまりにすごいものだから、みんながそれを目指して使ってもいいヴォキャブラリーだ、と感じているんです」[▼1]という。一九六六年生まれの西沢立衛は「レムの振舞いというものを見て、多くの若者はコルビュジエに近いものを感じました」[▼2]という。一九六七年生まれの五十嵐太郎は、「二〇世紀の前半が多くの著作を残したル・コルビュジエだとすれば、その後半に次世代の理論的な構築をしたという意味において、一九四四年生まれのコールハースは同様の役割を担っている」[▼3]と書く。一九七一年生まれの藤本壮介によれば、「九〇年代に入ってから建築を学び始めた僕にとって、コールハースはすでに前提条件だった。それは幸運であり、同時に不幸だった。コールハースを見て、僕は建築が自由だということを知り、同時に、コールハースを模倣する、自分を含めた多くの建築家を見て、建築の不自由を知った」[▼4]とのことである。

このように多くの論者の言葉から読み取れるのは、そのつもりではないとしても、しかし、建築それ自体は、「エンクロージャー（囲い込まれたもの）」であるということにすぎない。エンクロージャーの外では、二〇世紀末の金融資本主義に至り、ついに「一パーセントの富裕層に九九パーセントの貧困層」、「八人のネット・リッチと三五億人（地球の総人口の半分）のグローバル・プア」と言われる事態が、地球的規模で拡大している。隈研吾は、刊行より二〇年越しに邦訳されたレムの『S,M,L,XL+』（ちくま学芸文庫、二〇一五年）について、「「良心」のかけらもない「反市民社会的」で「非合法」な著者の思考法に圧倒されて、ページを閉じたくなる読者（被害者）も多く出ることであろう」とユーモラスに書評をしている。

そこで、ページを閉じないで、その内容を明らかにするならば、レムは『S,M,L,XL+』のなかで、ビッグネスという概念を打ち出し、このように定義している。

> 建築はあるスケールを超えると大きいという資質を獲得する。大きいことの話を持ち出す理由はエベレストに登る人の答えがいちばんいい。「そこにあるから」だ。[▼5]

「エベレスト」をいったい誰がつくったというのだろうか。思考の上に境界線を引くことは、そこに境界線がある、と誰かが声高に主張しないとほかの誰にもわからないだろう。とはいえ、「誰かが」という主語を建築とすることができるのか。それが可能と考えるコールハースが馬鹿げた話を誇大妄想的な口調で煽り立てるものだから、建築の内では感化される人も多いようだ。しかし、建築の内と外に、無限の延長を持つ完全無欠な世界が二つあるわけではない。建築が「大きいという資質を獲得する」というのは、目の前に存在するものに外的原因があることを無視するフリをしているのかもしれない。

さほど知られている事実ではないが、隈は、この点に一石を投じている。

この悪循環は日本や東京に限定されるものではない。巨大なエンクロージャーの中に、いかに効果的に都市的アクティビティーを発生させるかというテーマは、今日の世界の建築界の支配的なテーマである。レム・コールハースはそのテーマを執拗に実作で展開している。透明性という概念、シークエンスという概念、あるいは傾斜した床面によって、異質な機能を立体的に接合する手法も、このテーマと深くかかわり合っている。エンクロージャーは外に向かって閉じながら、その内部において透明であり、その内部を訪れた主体は、その空間の中でさまざまな都市的エレメントの衝突と接合によるダイナミズムを体験するのである。かつての都市空間以上に都市性に満ち溢れた空間が、その閉じてしかも透明な箱の中に出現するのである。

この手法は公共建築物に限定された手法ではない。資本こそがもっとも緊急、切実に都市的なアクティビティーの創出を必要としているのであり、それが現実の都市の中に求められないとするならば、彼らは自らエンクロージャーを建設するしかないのである。テーマパークとは、資本によって建設されたきわめて閉鎖性の高いエンクロージャーの別名に他ならない。[▼6]

これは隠喩である。しかし安穏なものではない。レムが展開する「資本によって建設されたきわめて閉鎖性の高い」ビッグネス建築に端を発して、なぜ「エンクロージャー（囲い込まれたもの）」と隈は言うのか。現代ばかりではなく、過去のことにさかのぼって、イギリスで起きたことを想像してみよう。それは土地を囲い込み、土地所有の明確化がスタートした「エンクロージャー」ムーブメントと呼ばれる経済行為のことである。

「「お国の羊でね」と私は言いました。「羊は非常におとなしく、また非常に小食だということになっておりますが、今や、聞くところによると、大食で乱暴になり始め、人間さえも食らい、畑、住居を、破壊するほどです。高価な羊毛ができる地方ではどこでも、貴族、ジェントルマンのみならず、聖人であらせられる修道院長さえもが、土地をすべて牧草地として囲い込み、家を取り壊し、町を荒廃し、羊小屋にする教会だけしか残しません」」[▼7]。

当時、刊行された書物のページをめくると、登場人物のこんな会話が聞こえてくる。土地の囲い込みの結果、土地を失った農民は、労働者という自分の労働力を売って生活するしかない存在に転落していった。さらに働くことが不可能な者は、浮浪者となるか犯罪者となるか、どちらかの道しかなかった。すでに貨幣経済は、農村では一二世紀後半から始まっていたが、新大陸到達を契機に、飛躍的に発展し始めた海外交易によって、毛織物の需要が高まり、この需要を当てこんで、ヨーマンやジェントリーと呼ばれる郷紳は、村の共同所有地をなかば非合法的に取り上げて、そこで羊を飼い、羊毛の生産に取り組み始めた。トマス・モアの『ユートピア』（一五一六年）は、土地の囲い込みがいかにして、貧困な無産階級をつくり出すに至ったかを語っている。

中世から近代への時代の変わり目に生きたモアは、土地の囲い込みがもたらした耐えがたい苦痛に対して『ユートピア』を描き出した。ユートピアとは、ギリシア語からの造語で、「どこにもない場所」を意味する。モアは、このユートピア島の様子と眼前のイギリスの状況とを比較しながら、一種の現代文明批判の書物を仕上げた。

一九五四年生まれの隈研吾は、一九八〇年代後半に出版した『10宅論』（一九八六年）と『グッドバイ・ポストモダン』（一九八九年）によって、建築家としてよりも以前に、建築と社会の関係を考察する批評家としての評価が高まった建築家である。その後も、『建築的欲望の終焉』（一九九四年）、『反オブジェクト』（二〇〇〇年）、『負ける建築』（二〇〇四年）、『自然な建築』（二〇〇八年）、そして『小さな建築』（二〇一三年）などの著作によって、隈研吾は、建築家であるだけではなく、社会のなかで建築が持つ意味を考え、建築を批判し、どのように建築があるべきなのかを常に問い直している。

このような建築家の態度は、日本だけではなく、世界に目を向けてみても、極めて珍しく、それが隈研吾という建築家の独自性を形づくっている。しかしながら、どういうわけか、この反建築的姿勢にもかかわらず、世界中から依頼が隈のもとに届けられている。

そうした認識の多様さに興味を抱いたのだが、しかし、ちょうどその頃、隈に対する一方的な視点だけがはっきりと表出した出来事があった。二〇一五年の《新国立競技場》のやり直しコンペにおける隈研吾チームの当選である。二〇二〇年の東京オリンピックで主な会場となる《新国立競技場》の建設に際し、従来型のビッグネス建築を思考するザハの初期案が白紙撤回され、やり直しコンペにおいて、伊東豊雄チームを退けて隈研吾チーム案が採用され大変な話題となった。当選した直後は、隈事務所に連日、多数の取材陣が押し寄せ、過熱した報道を行った。

そのおかげで、以前であれば、建築に特に関心のなかった人たちが、隈研吾という建築家について強い関心を寄せるようになったわけだが、これらのメディアで紹介されたように、隈をいわゆる華やかなスター建築家として認識した人が大勢いた。「いわゆる華やかなスター建築家」というのは、自らの内から湧き上がる建築デザイン的欲望に基づいて、斬新な案を自由自在につくり上げ、建築家による作品性に執着することで、世界中のどこの場所にも、自らの作品を実現していく建築家である。

しかし、これは隈自身の建築に対する思考とは必ずしも一致しない。むしろ、隈に対してそのようなイメージを投影することは、まったく的外れかもしれない。次第に報道された内容を知る機会が増えるにつれて、スター建築家としての隈のイメージがつくり上げられていくことに、私は違和感を覚えた。

隈研吾という建築家は誤解されているのではないだろうか。私はなにかその誤解を解きたいという気持ちに駆られた。そこで思い切って、私は隈に数回のインタビュー取材を申し込んだ。すると予想外に、隈はこちらの取材をスムーズに受け入れてくれたのである。それをまとめたものが本書である。

このことは、『負ける建築』といった隈の著作からもよく読み取れるのだが、しかし、「負ける」という言葉だけが注目の的になっている傾向が否めない。そこで本書では、隈のこれまでの経歴と、数ある著作と建築物を検討し、さらに隈自身にインタビューすることによって、その旺盛な活動のなかにひそむ受動的なバネ、つまり隈の創作の隠された発条を明らかにしようと考えている。隈自身が述べていることだが、人間の活動的側面であると考えられる建物をつくるという行為が、隈においては、受動的な行為であることを解き明かさなければならないのである。

建築の外へ

人類学者ソフィー・ウダールの『小さなリズム』（二〇一六年）という本のあとがきで、隈は、《新国立競技場》のやり直しコンペをめぐる過熱取材について、「僕らの事務所を訪れたほとんどのジャーナリストはイライラしている。特にテレビの取材者はヒステリックになって、「もっとドラマティックな一瞬ってないんですか」と僕を詰問する」[▼8]と述べている。

まずは、この過熱取材のことを隈に訊いた。

「その頃は、もうなにか自分の意志で動いているのではなく、メディア側からの意志で自分が動かされているように感じました」[▼9]と隈は振り返った。そしてこう続けた。

メディアというのは、基本的に、一種の商品づくりを行っています。メディアは、映像という商品をつくりますし、その映像という商品のためには、劇をねつ造してもかまわないわけです。メディアは、取材対象のなかに常に劇を求めています。この劇をことさら大げさに見せることで、世の中の注目を集めます。しかし、それは二〇世紀的なことです。なぜなら、日常というのは、それほどの劇があるわけではなく、だらだら努力して、ゆるく楽しむものだからです。僕は、その日常のゆるさを、これからみんな目指していく方がいいと思う。[▼10]

消費者の購買意欲を駆り立てるためには、過剰な演出が必要なのかもしれない。しかし、ドラマティックな一瞬に気が動転したり、ショックを与えられ気持ちが動揺したりすることは、理性の働きを弱めることでしかない。

隈からの返答に少し手応えを感じつつ、インタビュー取材を本格的に開始することにした。「時間が解決する」と隈は言う。

この提案は上手く進まないと僕がわかるときがある。でも僕がわかったからというだけで、「きみ、その提案は止めろ、こちらの方向で考え直せ」と相手に言っても、両者が納得する提案にならない。だから、僕はしばらく続けていく。僕も一緒に走って行く。そして、「やっぱり駄目だったね」と話し合う方が、お互いにあきらめがつく。

建築は、時間によって解決されることが多い。ある最初の時点で、これからきっと駄目だと僕が思って、相手と一緒に走らないで、「きみは駄目だ。その方向は止めろ」と言っても、両者が納得したことにならない。［▼11］

隈事務所で働く所員の元気良さと強さの秘訣を知ろうとする私からの不躾な質問に、隈はこう答えた。実は、隈と私とはほぼ初対面である。しかし私に対しても、この相手を認める姿勢を貫いた。この話からもわかるように、建築が、現実社会とは正反対の観念型として極端な形となることに対して、隈は懐疑的である。

『負ける建築』では、このように述べている。

さしあたり、われわれにできることはエンクロージャーとは対極の建築のあり方を、直感的に探ることである。都市の中に閉じた領域を作ることではなく、都市の中に小さな建築を無防備にさらし、都市に対して無残なほどに建築を開く。閉じたエンクロージャーの中での透明性に安住しない。都市に対して開き、投げ出すことこそが透明性なのである。

それでもまだ建築は大きすぎ、まだ何かを囲い込んでいるかもしれない。建築はエンクロージャーを指向する遺伝子を内蔵しているからである。いっそのこと、たった一個の石ころをこの現実の路上に置いてみること。どう置いたら、何が起こるかをじっくりながめてみること。そのような行為を建築デザインと呼びたい衝動にかられている。[▼12]

限定されているがゆえに、エンクロージャーは拡大していく。エンクロージャーのなかで、人間は際限なく、あらゆることをしようとする。ついにあまりにも大きくなりすぎてしまったエンクロージャーは崩壊するほかない。このように囲い込まれたもののなかにすべてを取り込もうとするのではなく、隈の思想は、囲い込まれたものから外へ出て行こうとする思想である。そして、つながり、分かち合う。積極的につながることができるのは、人間が受動的存在であるからこそなのである。そこにあるのは、万能感を持っている人間の姿ではない。

目次

隈研吾という身体　自らを語る

第1章

建築は経済に従う——隈の幼年時代

マイホームからの疎外

隈によれば、「既存のフレームを転覆させられたらそれで終わり、ではない。……建築学科は結構違和感があった。……コルビュジエ作品の比例分析とかをひたすらやるんです。ある作家なり理念なりを絶対視して学習するだけで建築というフレームを疑うアプローチはなかった。これは嫌な世界だなと思った。建築という美学なり理念自体を絶対視するような雰囲気は嫌だったなあ」[▼1]という。刻一刻と変化する現実社会のなかで、一〇代の頃の隈は何を考えたのか。

戦後日本の社会は、資本主義国の一つとして、大きな経済的発展を遂げた。自家用車と家電製品を備えた庭付き一戸建てを豊かさの指標として、それを享受する時代となった。いわば自分自身を商品として売り渡し、商品を所有する時代である。一九五〇年代末の「三種の神器」と喧伝された白黒テレビ、洗濯機、冷蔵庫は、その典型である。戦後もしばらく経つと、日本人の大半は、管理、事務、販売業務などに携わるサラリーマンとしての生き方を受け入れ、高度経済成長を支えたのである。一九五四年生まれの隈研吾も例外ではない。隈の父親もサラリーマンである。

ところが、隈は父親が四五歳となって生まれた長男であった。物心ついた頃から、父親に説教されてきたことは、「もうすぐ定年だから、質素に暮らせ」ということである。同級生の若い父親たちは皆、働き盛りで、小学生の隈にとって彼らは十分に輝いて見えたし、父親の口癖にほとほと滅入っていた。高校に入学する頃には、父親は定年を迎えた。

「経済学に高校生の頃から興味があった」[▼2]と隈は言う。

経済学は、人生に対していろいろと教えてくれることがある。例えば、ケインズで言えば、「あなたの経済政策は、長期的には何も問題を解決していない、短期的な処方ではないか」と問われたとき、ケインズが「長期的に考えれば、われわれは皆死んでいる」と答えたのが、僕はよくわかる。建築を考えていても、建築に完全な解はあり得ない。その場その場で、人を幸せにしていくと発想しないと、逆に、建築を一切つくれなくなってしまうと思う。

人間の幸せとは何かという定義のように、経済学には人生に対するヒントがたくさんある。高校生の頃、自分は社会の仕組みを知らない子供だという意識が強かった。社会の仕組みは、父親も教えてくれない。父親の社会観はドグマティックだった。父親はドグマに囚われていて、社会の本当の意味でのシステムのことを僕に教えてくれない。だから、自分で勉強するしかない。[▼3]

それまでは新築の郊外住宅が東京の周辺に次々と建ち並んでいく姿に比べて、自分の家がボロ家に見え、恥ずかしくて仕方ないという悲観的な価値観を持っていた隈少年であった。しかし、高校生の頃、隈は自力でそうした価値観を逆転させた。まだ未熟な面のある年齢ながらも、経済学に強い関心を持ち、経済成長神話から身を解き放ち、父親からのプレッシャーを克服しようとした。資本主義経済のもとでは、生産する商品が必ず売れるとは限らない。しかも、商品が市場で売れるか売れないか、それから先が読めないなかで、労働者は、資本家に自分の労働時間を捧げるという二重の苦しみがある。労働者は労働時間という商品にすぎない。さらに商品は命がけの飛躍をする。

建築をめぐる経済学に関連して、建築を極めて明晰に分析している隈は、経済学に鋭敏な感覚を持っている。明らかにマルクスの『資本論』第一巻は読んでいるし、商品論を正確に理解している。なかでも、エンゲルスの『住宅問題』（一八七二年）について隈はこう述べている。

フリードリッヒ・エンゲルスが、その著『住宅問題』の中で、この救済についてきわめて辛辣な警告を発しているように、資本主義体制の下において、労働者階級の住宅の私有を促進しようとする試みは、資本主義と労働者の対立を曖昧にする手段でしかない。なぜなら住宅を私有したところで、自分がそこに住まなければならないとすれば、それは資本とはならないからである。住宅の私有を試みる労働者はローンの支払いに追われ、かつての農奴と同様に、土地に縛られ、労働を強制される。［▼4］

隈家の周辺には、若いサラリーマンが一生分の給料を抵当として、住宅ローンで手に入れた郊外住宅が建ち始めていた。これからの二五年間は、若いサラリーマンがその支払いに追われる人生である。ただし四〇歳で結婚した隈の父親には、その選択肢がなかった。

僕らは、日本の「戦後」というイケイケの時代から、基本的に排除されていたのです。ハッピーな若夫婦が、郊外に「幸せの城」を築き、一生かかってその家のローンを返済していくという、戦後日本社会、あるいは二〇世紀アメリカ文明を支えたおめでたい神話から、わが家はあらかじめ疎外されていたのです。今考えれば、とてもめぐまれていたとも言えます。［▼5］

隈研吾が生まれた家は、東京と横浜との間の大岡山にあった。母方の祖父がつくった小さな畑仕事の小屋を使い、増築を繰り返したものである。隈が生まれて、まず増築し、三年後に妹が生まれて、また少し増築した。こうして兄妹が成長するにつれて手直し、家族全員で相談し、増築が繰り返された。隈にとって、それは最も楽しい時間だった。どんな間取りにするか、どんな仕上げにするか、どんな家具を置くか、と考え尽くした。必死だった。というのも、怒鳴りつけられ、高圧的に指導され、おまけにデザイン好きだった父親であっても、この小さな木造平屋の手直しだけは自分勝手に決めてしまうことがなかったからである。

厳しい父親とのもう一つの思い出は、たまの休日の「建築ツアー」である。日曜大工で照明器具や自家製の表札をつくる父親自身が興味を持っただけで、家族サービスや子供の教育のためではない、と自伝的著書『僕の場所』で念を押すほど恐怖感を与えた父親であったが、しかし、上野の前川國男設計の《東京文化会館》（一九六一年）、渋谷の大谷幸夫設計の《東京都児童会館》（一九六四年）と父と子の「建築ツアー」が続き、とりわけ丹下健三設計の《国立代々木競技場》（一九六四年）を見学したときには、隈の興奮状態は極限に達した。天から光が降ってくるのである。

母親の勧めで、プロテスタント系の幼稚園に通い、その後、中高一貫のカトリック系ミッション・スクールに通うことになる隈にとって、それは崇高な光の体験であっただろう。もしかすると、専業主婦だった母親からの贈り物かもしれない。「たぶんそのせいで、専業主婦におさまりきらない、活発な女性に惹かれるくせがあります。割を食って、家に閉じ込められていた母親を見て育ったからでしょう」［▼6］と隈は言う。

こうして戦後日本のサラリーマン家庭に生まれ、四五歳も年の離れた父親が感じる不安を丸ごと抱え込むように、隈研吾は「所有すること」に対する根深い問題意識を持ち続けている。

所有しないという幸福

僕はバブルの前も知っているし、後も知っています。その両方に居合わせたことは、僕にとっては大きなことです。バブルまでの日本は、家を買うことが目的であるという社会でした。大企業に勤め、住宅ローンで家を買い、それで一人前になるといった、物を所有するこ

とが人の幸せであるという社会が戦後ずっと続きました。その終末を迎えた場所を目撃したことは、僕の大きな財産です。［▼7］

隈は最難関の東京大学工学部建築学科に入学したが、度重なるオイルショックが生じ、一九七九年に大学院を修了する頃には、就職難に見舞われた。一九八〇年代半ばを迎える頃になると、欧米では実物に投資する機会が減少する一方で、金融が肥大化した。こうした世界の各国を米国中心の経済秩序に組み込もうとする金融資本主義は、世界の経済に重大な混乱をもたらした。

大学院を修了し、組織事務所で下積み時代を経験した後、一九八五年に隈はコロンビア大学大学院の客員研究員として一年間、ニューヨークに滞在した。当時、この混乱の一部始終を目撃したことは、建築家としての隈に深い影を落としている。言い換えると、その終末を迎えた場所で、隈の建築においては、大きな転換点のようなものが見え隠れする。

「恐ろしい話でね」と、隈は話し始めた。

「都住創（都市住宅を自分達の手で創る会）」の中筋さんは、日本のコーポラティブハウスの草分け的存在でした。コーポラティブハウスというのは、仲間が集まり、土地を購入して、共同で建設するという、いわばオーダーメイドのマンションです。中筋さんは一九七〇年代から大阪に数十軒のコーポラティブハウスを建てていました。僕がニューヨークにいたとき、中筋さんは僕のアパートに遊びに来てくれました。僕にとっては、いい兄貴みたいな感じの人でした。だから、僕がニューヨークから日本に帰ったら、「都住創」を東京で一緒にやろうという話になりました。それでつくったのが、神楽坂にある《ラスティック》です。

ところが、バブルが崩壊し、買った土地の値段がガクッと落ちた。僕らは借金をして、そのビルのためにお金を集めていたけれど、何人も突然、破産したので、借金を返済できなくなってしまった。それが原因で亡くなった人も一人だけではありません。中筋さん自身もそのストレスからガンで亡くなりました。[▼8]

隈の事務所も入居する予定だった。隈はかなりの借金を肩代わりすることになった。

所有することは恐怖です。仲間と一緒に住むために家を建てるというのは、いい雰囲気でした。けれども、それが家を所有することになると仲間が死んでいく。物を買い占めたり、不動産に投資したりすることで、突然、破産して、仲間が死んでいく姿を見て、本当に辛い体験でした。だから、物を持つことが人間を不幸にするというテーゼは、『反オブジェクト』とも通底しています。

所有することの幸せということです。マンションを所有することも、アートを所有することも、同じです。でも所有することがそんなに楽しいかなと思うわけです。[▼9]

そう話す隈は物憂げな表情を浮かべていた。毎日、現場から現場へ、場所を移動し続けている隈の荷物は極端に少量である。ほとんど持ち物がないと言っていいほどである。「自分の持ち物は最小限を心がけている」らしい。隈は、大きなカバンを持たない。現場の空気を吸い込むことが大事なのだ。「クライアントとの打ち合わせであっても、平気でスーパーの紙袋をぶら下げているから、クライアントがびっくりした顔をして、「隈は、よほどお金に困っているんだね」と囁いていた」[▼10]と言った頃、ようやく隈は楽しそうに笑った。

弾けるバブル

中産階級の典型であるサラリーマンの悲哀を感じ取った隈の早熟な少年の頃を思い出すと、景気の浮き沈みに対して、人並み以上に慎重になるのが可能だったはずである。だが、しかしである。その隈もまさしく地獄を見た。金融資本主義の激動する情勢は、もはや対岸の火事ではなかった。よく知られているように、バブル景気の崩壊として日本に火の粉が降りかかってくるのは一九九〇年代初めのことになるが、隈の激動の日々はニューヨークに滞在した一九八五年からスタートしていた。

ニューヨーク滞在は一九八五年から一九八六年までの一年間ですが、一九八五年とは「プラザ合意」があった年で、まさにバブル経済が始まった、その瞬間でした。ニューヨークに着いてすぐのときに、プラザホテルの近くに行ったら、周囲がものすごい警備に囲われていたことを覚えています。

バブル経済は、その先にある金融資本先導のグローバリゼーションの前夜祭であり、建築家にとってはチャンスどころではなく、建築が金融に屈服する悲劇の始まりでした。[▼11]

二〇世紀に西洋で展開された近代建築は海を越えて各国に伝播したが、その一方で、米国では資本主義経済を原動力とした建築が興隆した。超高層ビルである。限られた土地を有効に利用する超高層ビルが林立しているのは、建築家が考える都市の理想的な姿が実現しているからではなく、経済的要請によるものである。隈は、こうした米国の建築における明快な論理性に惹かれて、ニューヨークへ旅立った。しかし、どうも様子が変だ。この引用文に隈の当時の米国に対する困惑がよく表れている。

二〇年代のアメリカの主役がエンパイヤステート・ビル、クライスラー・ビルに代表されるアール・デコ・スカイスクレーパーだったように、ポストモダン・スカイスクレーパーは、八〇年代アメリカの主役だったのである。それが当の建築家にとって幸福なことであったのか、不幸だったのか、僕はいまだにそのことを判断することができない。ただしひとつ確かなことは、彼らがいつの時代の建築家にもまして、時代に翻弄され、時代の主役であった資本に翻弄されたということである。[▼12]

隈は米国に滞在中、一九八〇年代の米国を代表する建築家たちにインタビューし、『グッドバイ・ポストモダン』というインタビュー集をまとめている。隈は、彼らの事務所を訪ねて、経済的な成功が彼らに与える影響がいかなるものかを自らの目で確認した。

僕がニューヨークにいた頃は、まさにバブル崩壊直前なわけです。一九二九年の大恐慌直前のニューヨークのアール・デコ建築との共通性についてよく考えていました。というのは、『グッドバイ・ポストモダン』の建築家たちにインタビューしていた時、気になって仕方なかったことは、大恐慌がいつ起こるかということだったからです。大恐慌が起こると、どのように建築が変わるかに最大の興味がありました。これも経済に関係しています。

その頃、友人と話すと、「大恐慌は、必ずやって来る」と冗談で言ったものです。でも、人間はずる賢いから、このまま進むという気持ちもあったと思うし、そんな空気でした。[▼13]

当時、レーガン政権の下で保守主義が台頭し、米国ではヤッピーと呼ばれる上昇志向の若者が生まれていた。彼らの金満趣味を満足させる建築スタイルが「ポストモダン」である。東海岸のクラシシズムと西海岸のローカル性とは異なると建築家は主張するかもしれないが、いずれにしても、建築家に求められる社会的役割は同じである。なぜなら、形態は機能に従うのではなく、経済に従うからである。

実物よりも投資自体が投資を生み出す金融資本主義が登場した頃に、ビジネスマンとなって金儲けする彼らは、隈と同世代である。一九五〇年代から一九六〇年代前半に生まれた第二次世界大戦後のベビーブーマーズとして、証券会社や投資銀行のエリートサラリーマンとなり、高級車を乗り回したヤッピーは、ブランド品の服に身を包み、リゾートコンドミニアムやロフトに高級な家具を揃えて、ルックスへのこだわりも強かった。男性でもダイエットやスキンケアに余念がない。

物のすべてに値札をぶら下げている彼らに応える建築家たちも、スカイスクレーパーや大規模コンドミニアムなどの設計をいくつもこなしながら、富と名声を得ることになった。「若くてハンサムな建築家はヤッピーの憧れである。建築と不動産は八〇年代最高のビジネスで、建築家とディベロッパーは八〇年代のロックスターと呼ばれる。彼らは八〇年代のパラダイム「富と名声」の最も近くにいる」［▼14］と隈は『グッドバイ・ポストモダン』に映し出している。「八〇年代のロックスター」は、二枚目俳優的なルックスがあれば、楽器を弾いているフリでも結構だったが、しかし、米国であっても、すぐに人気が衰えた。経済不況、家庭崩壊、暴力などの問題を抱える多くの若者にとっては、自らの環境と、経済的に成功したからといって、それが必ずしも幸せにつながるとは限らないという資本主義のトリックとは緊密に結びついていたからである。

米国では、一九八七年のニューヨーク市場の株価暴落とともに、ポストモダンの隆盛も終わった。日本もそれに追随した。一九八〇年代後半に日本はバブル景気となり、企業や地主が土地や株式に投資し、本業以外でも資産を増やそうとしたが、バブルが弾けたことで、高騰した地価だけが残された。

バブルのおかげで、ニューヨークでも東京でも、無名の若い連中にバンバン仕事が来るという様相で、僕の同級生達も、「事務所を開いてみたら仕事が殺到して大変だ」なんて、はしゃいでいました。

結局、そのバブルのせいで、ぼくも含めた日本の若い建築家は、工業化社会が終わろうとしているたそがれの時代に、建築という斜陽産業を生業にする大変さを、一瞬、忘れてしまった。バブルに向かっていた日本は、それだけ華やかで、浮かれていたんでしょう。[▼15]

一九八六年に隈が日本に帰国すると、日本はバブル景気の真っ只中だった。日本にポストモダン建築がやって来た。当時三〇歳代前半であった隈のような若手建築家にも、仕事の依頼が舞い込んだ。自分の力ではどうすることもできないとわかったとき、隈は、なすがままになるしかない状態となったふしがある。形を決定するのは経済なのである。

なかでも挑発的なデザインがよく知られているのは、東京・世田谷の環八通り沿いにイオニア式の巨大な柱が貫いて、その柱のなかをむき出しの光のエレベーターが上下する《M2》である。《M2》でさっそうとデビューした隈であったが、すぐにバブルが崩壊した。ほかにも数多くのポストモダン建築があったわけだが、《M2》はその総決算と見なされ、ブーイングが浴びせられた。隈は、以後の一〇年の間、東京での仕事はまったくなくなった。

自動車会社マツダの子会社「M2」のショールーム兼本社ビルであった建物が竣工したのは一九九一年である。しかし、マツダ社が急激に自社の車種やブランド種を増やしたおかげで、バブル崩壊後の景気低迷の影響を受け、「M2」の事業は一九九〇年代半ばに消滅した。ついに二〇〇二年に建物は売りに出され、買い取ったのは冠婚葬祭事業などを手がける「メモリード」という会社だった。建物は「メモリード」によって葬式会場となったのである。自動車のショールームやイベントホールは、大中小の葬儀ホールに生まれ変わった。

そのように内容が大幅に変化したのだが、しかし、建物の意匠は内外装ともに、ほとんど改装されなかった。奇想天外だが「M2」という看板も掲げられたままである。もとは「第2のマツダ」の意味だったが、次は「メモリードの東京進出第二号店」の意味である。もともと葬式会場だと錯覚している来場者も多いらしい。というのも、この建物は、紀元前のギリシア・ローマ時代からロシア・アヴァンギャルドに至るまで二〇〇〇年にわたる建築様式を引用しているからである。誰もが死ぬ瞬間に目くるめく過去の記憶が甦り、さまざまなヴィジョンが脳裏に現れては過ぎ去っていく。《M2》は死ぬ間際に見る夢のようだ。

ガラスのファサードのテンション材は、ロシア・アヴァンギャルドの建築家イワン・レオニドフによる《重工業省》コンペ案（一九三四年）からヒントを得て、古代ギリシア建築のイオニア式の巨大な柱は、アドルフ・ロースの《シカゴ・トリビューン社》コンペ案（一九二二年）を着想の源泉としている。いずれも紙の上のドローイングに止まったアイデアを実際につくり上げているところは、目的のために手段を選ばないというフレームを相対化させた手段である。今のところの最終案は、葬式会場であるようだ。

それ以後の隈は、日本の地方に設計活動の拠点を移すことになり、周りの環境に配慮した建物のあり方について考えることで、「場所」

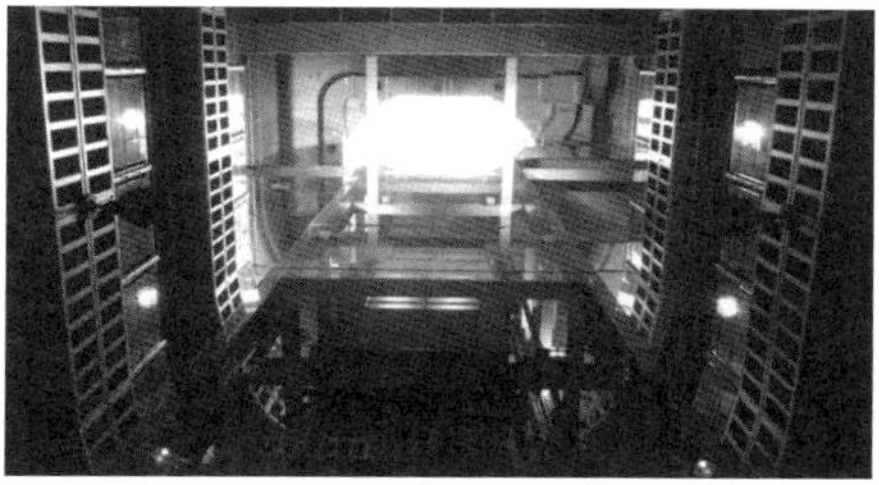

Fig.1 《M2》 イオニア式オーダーを貫通するエレベーター

Fig.2 《M2》(1991)

という力を得ている。隈の『グッドバイ・ポストモダン』に語調を合わせると、死にそうな病人を見つけてきて、終油の秘蹟をほどこして、しっかりと天国に送り出したわけである。つまり、これは、経済覇権主義からの隈の撤退を示しているのである。

第2章

身体的感性——隈の学生時代

1　強固なロマンティシズム

二人の師——内田祥哉と原広司

隈が傑出した建築家であるのは、その柔軟なリアリズムによってであることは、前章で述べたが、逆説的にも、頑ななほどの強固なロマンティシズムの持ち主であって、それが現実を批判する潜勢力となっていることをこの章で述べたいと思う。

隈研吾は、東京大学の内田祥哉《よしちか》研究室で学び、さらに内田研究室出身の原広司《ひろし》研究室で学んだ。内田は、建物を天井と床と窓といった部分に分解して、その部分を再び組み立てるための方法を考えた。その方法は、技術的側面が強いが、それを内田は「構法」という、ある種の詩的な言葉に置き換えることによって、全体が部分を決定するのではなく、部分からどのような全体にもなり得るというイメージを喚起させた。

内田に学んだ原広司は、自分が師と仰ぐ建築家が、「局所的には非常に経験主義的で、自分の経験によって、確実になった部分しか言及しない。それは職人的である」ことを見つけ、集落調査を行うなかで、建物における細部の収まりといった局所的な論理が、全体につながる経路があるとすれば、それは幾何学であると考えた。

内田研究室と原研究室に在籍した隈研吾であるが、二人の師のように、詩的な言葉や空想力を働かせることと、隈の論理的な思考はどのような関係を結んでいるだろうか。

すると、隈はこう答えた。


内田先生から原先生に引き継がれているところがある。それは、日常的なものと世界に関わることを結びつけるところで、僕は好きです。

というのは、僕たちが建築をつくっていると、どうしても日常的なこととか、細かなディテールの話とかに関わらざるを得ないわけだけれど、その関わっていることが、どこかで世界の成り立ちとつながっているとか、あるいは、その部分こそが宗教的なことにまで届いているかもしれない、と二人とも若い人に面白い口調で言ってくれるからです。そういう語り口は、若い人を一番元気にさせる。

「あれ？　これは論理を飛躍させているな」ということも、原さんの言うことのなかにはあるけれど、しかし、論理を飛躍させる言い方を照れもなく、若い人にしてくれる大人は好きです。大人というのは照れてしまい、そんな言い方をしません。だから、大人なのになんの臆面もなく話す原さんは好きです。そういう原さんに出会ったから、僕は建築家になれたと思う。

なかでも「建築は美しいという言い方はやめようぜ」と原さんが言ってくれたのは、とても励みになりました。なぜなら、「これは美しい」と教師が言うと、その美しさがわからない自分は疎外された気になるからです。そうではなく、「新しい道具立てを見つけようぜ」と若い人を勇気づけてくれる内田先生と原先生に出会って、やはり教師はこうあるべきだと思いました。［▼1］

隈からの答えは、単なる二項対立ではなかった。建築は、使用目的のための機能的な手段となることも多いが、それと同時に、人間の精神から生じるものを目の前に提示することでもある。それに関わるのは、木や石といった材料を、「粒」という最小単位にまで分解して、「大地の上に軽くて薄いものがパラパラと漂っている状態」と隈が説明することである。二つの方向が考えられる。第一に、材料の小さな単位を「粒」として理解することは、自然科学などの学問に密接に結びついている。そこでは、パラパラとした粒が舞い上がるのだろうか、あるいは、降り注ぐのだろうか。第二に、パラパラとした粒が集まり、一つの建物として成立するには、その条件として「現場」がある。隈は、どのように「現場」に関わるのだろうか。

徹底的な現場主義

一つ目については、隈はこう話した。

「上昇」と「下降」という言葉は、原さんが頻繁に使っていた言葉です。原さんは、パラパラしている状態を「離散的」と言いました。原さんは数学の言葉の中に、これからの建築を説明するのに都合良い道具立てがある、と話していました。

そういうわけで、僕の教養学部時代の同級生で、数学科に進んだ友達がいたので、彼を招いて、原研で、数学のゼミを開くようになりました。いろいろな言葉がありました。今でもよく覚えているのは、「短冊状の空間」という数学用語です。短冊状に、リニアにつながっているのは面白かった。原さんが、そういう言葉を建築に使ってみようと言ってくれたのです。［▼2］

隈の建築的表現のなかで、光の状態から陰影をともなう重い質感となったり、逆に、逆光によって存在感が希薄になったりする「ルーバー」があるが、これは「短冊状の空間」に基づいていることがわかる。例えば、木造の平屋を七つ重ねる形をとる《浅草文化観光センター》（二〇一二年）では、各階でピッチが変化する木ルーバーを通じて、さまざまな影を映し出す光が通り抜けていく。

こうした「短冊状の空間」から隈が表現するのは、存在物における相対性である。アインシュタインの相対性理論によって、主体が物理学に持ち込まれている。相対的であることは、人が千差万別であって、世界が成り立つという考え方である。共同主体という言葉は、言語矛盾であるが、「社会」という言葉を、私たちはこれに当てはめているのかもしれない。

一方で、原も隈も在籍した内田研究室は、建築を最小限のエレメントに分解して、それを部品として工業化するための理想的な姿を追求した。

戦後しばらく経つと、鉄骨パネルやアルミサッシをあらかじめ工場で製作し、それらの部品を

Fig.3 《浅草文化観光センター》(2012)

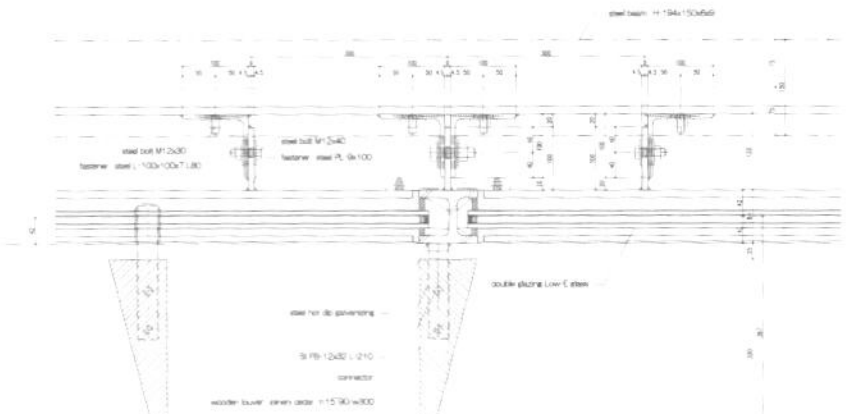

Fig.4 《浅草文化観光センター》 木ルーバー 平面詳細

組み立てるプレハブ工法が開発された。現場の作業は簡略化した。しかしやがて、大量生産が行われ、市場に大量の商品が流通すると、場所に根ざした材料と技術は衰退していく。そうした教訓を得て、その場所にある材料と技術によって固有性を生み出すことは、隈の基本的なやり方である。

『自然な建築』では、こう述べている。

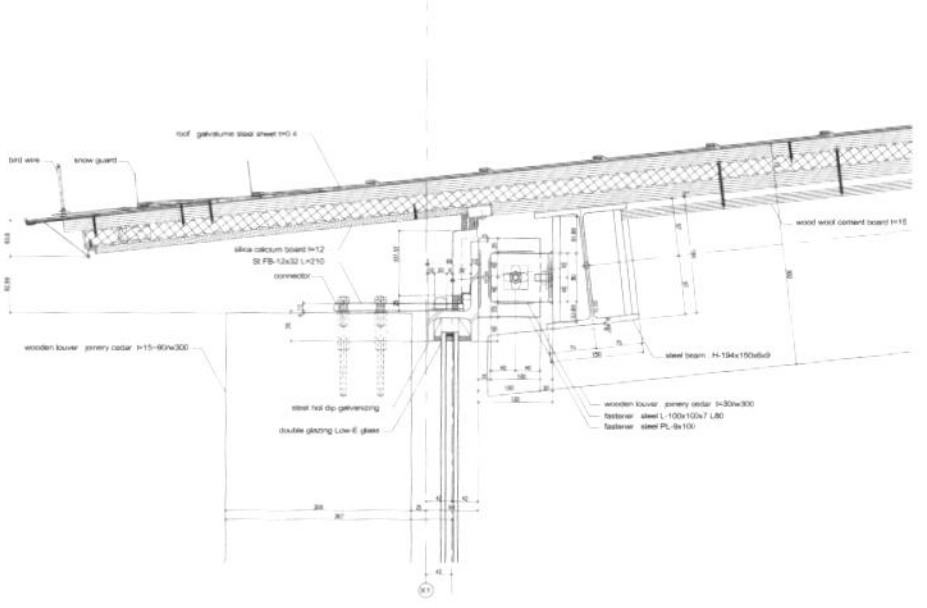

Fig.5 《浅草文化観光センター》 木ルーバー 断面詳細（上部）

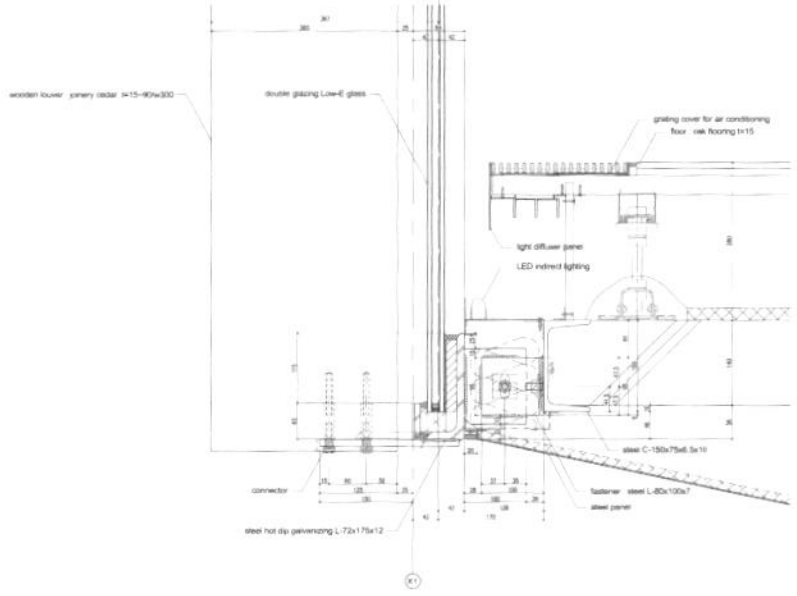

Fig.6 《浅草文化観光センター》 木ルーバー 断面詳細（下部）

どんな場所でも、同じ建築ができるなら、それはマクドナルドと同じである。二〇世紀の工業製品は、そのようにして、場所を無視し、場所を超越することに、存在価値を見出した。場所を超えられるからこそ、人々はその製品に安心感を抱くのだと考えた。しかし、建築は、もっと場所に密着したものでなければならない。

同じ大根の種を植えても、京都の土、京都の天候の下で育てば、京の大根になる。他の場所に植えたならその微妙な味はでない。だから京野菜に価値がある。建築は工業製品というよりも、そもそも大根に近い存在であり、そのような大地や天候と密着した物だと思うのである。［▼3］

大地や天候と密着した大根を育てるのは、なかなか大変なことでもあるが、二つ目は、こうした「現場」についてである。例えば、中国の《竹の家》（二〇〇二年）の現場では、こういう話があった。この現場にはインドネシア出身の隈事務所のブディ・プラドノが常駐した。ある日、ブディから、「大変です。竹の色が日本の竹とは違うだけではありません。現場に入ってきた竹が不揃いで、すべて歪んでいます。すぐに来てください！」と隈にファックスでＳＯＳが送られてきたという。隈からつづきの話を聞いた。

すぐに現場に行きました。そこで部分的に取り付けられた竹を見て、確かに、竹は太さが違う。真っ直ぐではない。日本の竹とは全然違う。でも逆に、これは中国らしくて、カッコいいと感じました。

ブディは困惑して、「こんなに違うのに……」といった様子でしたが、僕は「これは面白いかもしれない」と話しました。僕の事務所は、直径六センチ前後の竹を一二センチピッチで並べるというディテールを提案しましたが、同じ直径六センチとはいえ、中国ではかなりのバラツキがあります。歪んでいる竹もたくさん混ざっている。しかし、それが建物のある種の魅力になりました。

竹の色に関しても、そうでした。竹の最大の課題である耐久性能をつけるために、熱湯の中で竹を茹でますが、さらに竹は油の中に浸した方が長持ちする、と中国の現場の人たちが言い始めて、油に浸した竹を持ってきました。ところが、それが僕らの想像していた竹の色とまったく違う色でした。油で煮染めたような色です。かなり驚いたけれど、逆に、そこまでやる気になってくれたのは、すごいことでした。

というのは、この《竹の家》は、中国で初めての現場で、最初のうちは、実際に施工する人すらなかなか見つからないほどであったのに、彼らがアイデアまで出すようになってくれたからです。だから、こんなやり方は日本とは違うと否定するのではなく、それでやってみようとＯＫを出しました。［▼4］

日本の精度の高さを要求するのではなく、現場の技術力を最優先する。隈によれば、「現場の人たちに訊きます。例えば、中国の《竹の家》でも、竹の油で煮染めた色で「本当に大丈夫？」と。その瞬間の相手のリアクションを観察する。そこで相手がポジティヴに提案していることは、一〇〇パーセントの確信がなくても、僕は受け入れる」［▼5］という。隈は冒険心を持つ建築家である。

そして、隈が現場に行くことには、もう一つの理由がある。

僕が現場に行くと、良いものができると考えるだけではなく、現場の人たちに対して、僕がこんな情熱を持っていると提示することができる。それが後の時代に伝わることになる。［▼6］

それこそが二人の師に匹敵する隈のロマンティシズムなのである。隈はコロンビア大学大学院の客員研究員だった一九八五年頃、アメリカ合衆国の建築物を数多く視察した。なかでも影響を受けたのは、フランク・ロイド・ライトが手がけたものである。多くのライトの建築物を見に行った。そこで印象に残った体験がある。

ライトには、まさしく生き抜いた迫力があります。ライトは人生を投げ出している感じがするんです。

アメリカでライトの建築物を見に行ったとき、施主や現地の説明をしてくれる人たちが、ライトのことを、目がホの字みたいに、本当に好きだとわかりました。とても尊敬している様子でした。ライトが死んでから、すでにもう何十年も経ったのにもかかわらず、こんなに愛されている人。僕はきっとライトはすごい人だと思ったわけです。ライトが書いた文章を読んだというよりも、その体験で感じたことなんです。

こういう力が建築にあることに感動しました。「あぁ！　こういう力が建築にあるんだ」と熱い思いがこみ上げてきました。なかでも一番感動したのは、《落水荘》です。本当に感激しました。《落水荘》では涙が止まりませんでした。[▼7]

現場における自らの体験が、内に還り、内面にある無限なものへと高まっていく姿勢は、隈の想像力となっている。それは、二人の師から学び、ライトから学んだことである。その場所の技術に自らの身体を委ねることで、人々の記憶に残るような個性的な建築を生み出し、世界に豊かな多様性がもたらされるというのが、実のところ、隈の建築的ロマンなのである。

2 「回天」神父との衝撃的な出会い

栄光学園での生活

カトリック教会の修道会の一つであるイエズス会によって設立された栄光学園中学高等学校は、隈の出身校である。中高一貫制の私立男子校で、全国でも有数の進学校として知られているが、校風は「ほんわか」「のんびり」それでいてちょっぴり「おちゃめ」だという。「卒業生には、豪腕タイプのリーダーというよりも、自然体の人が多いようだ」と林副校長は説明する。ほかにも出身者には、解剖学者の養老孟司さんがいる。養老さんは、「繊細で都会的なものを作る人なのに、本人がどことなく田夫野人風に見えるところが、ホッとする理由である」［▼8］という隈の印象を持つ。

一九六四年に横須賀市田浦から鎌倉市大船へ移転して、約半世紀が経った二〇一七年春、旧校舎が栄光学園七〇周年事業として生まれ変わった。隈が設計監修した新校舎である。旧校舎は鉄筋コンクリート造三階建てであったが、新校舎は、木造との混構造の二階建て校舎である。三階からわざわざ下りる必要があった旧校舎に比べ、新校舎は、一階はもちろん二階であっても外階

Fig.7　栄光学園の新校舎　教室から校庭を眺める窓

段から校庭に近い。外にいる仲間を近くに感じることができる。

最寄り駅から急勾配の長い坂道の通称「栄光坂」を二〇分ほど上ると、丘の上に新校舎が見えてくる。一万三〇〇〇平方メートルもの広い校地にリスやキツツキも生息し、自然環境に恵まれている。中学の生物の授業では教師から「裏山でネバネバした植物を探す」といった宿題が出され、栄光生は裏山を駆け回る。身体を動かすために、二つの体育館、三〇〇メートルのトラック、サッカーコート、テニスコート七面、野球場などがある。

しかし、それだけではない。二限目の授業終了のベルが鳴ると、校舎のなかから上半身裸の男子生徒たちが外に出てくる。教員たちも上着を脱ぐ。腕立て伏せを始める教員もいる。全校生徒が一斉に体を動かす。毎日、二限目と三限目の授業の間に、「中間体操」を行っているからである。一五分間、全員で体操する。

とはいえ、この身体を基本とする教育を行っているのは、なぜだろうか。
「イエズス会を中心とする反宗教改革の運動は、教育と布教を重要視し、同志の結束に重きを置くことで、信仰の共同体を再建しようとしたのです。わかりやすくいえば、プロテスタンティズムの精神主義、個人主義に対し、イエズス会は共同体志向で行動主義、身体主義だったのです」
[▼9]と隈は解説する。

栄光学園の母体となるのはイエズス会である。イエズス会はスペインの騎士イグナチウス・ロヨラらが創設した組織で、ロヨラは修道生活に入る前に、軍務に就いて各地を転戦していた。宗教改革は、教会が支えていた社会秩序を根底から揺るがし、カトリック教会の内部においても改革が進められ、さまざまな反応を生み出した。その頃、ローマ教皇の認可を受け、イエズス会の宣教師は、ヨーロッパから外へ出て、アメリカだけではなくアジアへ向かった。海を渡り、世界各国に飛び込み、生の教えを国々に説き広めている。イエズス会の創設者の一人であるフランシスコ・ザビエルは、遠く日本までやって来ている。

栄光学園の後輩たちに、隈は学園生活のことをわかりやすく話している。

僕自身、栄光に初めて来た時のことは、よく覚えていますね。こんな山の中で、自然がたっぷりあるし、グラウンドが目の前にあって、勉強と運動の両方ができそうだと感じました。体も使う、頭も使う、それらを両立させるのが、栄光の最高に素晴らしいところです。

その後の人生の核となる僕の考えも、体と頭の両方をよく使うことです。

栄光と言うと、進学校みたいなイメージもありますけれど、やっぱり頭でっかちになるな、と躾けられました。［▼10］

「頭でっかち」になるのではなく、このように「健全な肉体に健全な精神が宿る」というのは栄光学園のモットーなのだが、これはかなり珍しいものである。というのは、宗教改革が市民社会に及ぼした影響ははかり知れないからだ。カルヴァン主義的道徳観は、遠い日本において、会社主義の企業戦士にまで影響を与えている。従来のキリスト教の倫理が逆転してしまい、富める者はあくまで富を追求することが義務となり、蓄財と吝嗇が道徳的行為となった。こうしたキリスト教的価値観の転換が、近代資本主義の精神と合致しているとマックス・ヴェーバーは結論づけているわけだが、労働に励む禁欲生活を送ることで、ほかの一切の娯楽を遠ざけて、目標達成に邁進する人間が賞賛されていることを疑う人は少ない。だから、隈研吾を「頭でっかち」な建築家であると考える人もいるかもしれない。しかし、どうやら違うようだ。

光と風と神父たち

緑と木々に溢れた校地に、木の香りが漂う校舎の窓は大きく開かれ、明るく温かな雰囲気に包まれている。栄光生と栄光の教員が異口同音にこう言って、受験勉強に励んでいる。「新校舎は、教室からの眺めが素晴らしいので、外の景色が目に入ってくることがあります。授業中なのにね」[▼11]。エアコンが完備されたが、実は、まだ一度もエアコンを稼働させていない。風が通り抜けるからである。新校舎は、丘の上にある、風通しの良い学校となっている。

栄光らしい工夫がほかにもある。職員室の壁が取り去られたのだ。この職員室の隣がラーニングスペースとなる。そこはトップライトが開けられ、光が射し込んでいる。自習したり、教師に質問したり、話し合うなかで深いところにある答えを探り出していくこともある。さらに、寝そべったまま本を読む生徒もいた。それは木からつくられた床だからこそ可能なことでもある。隈はこう明かす。

僕が小学校四年生の頃、突然、小学校の校舎が鉄筋化しました。校舎が木造校舎から鉄筋コンクリート造に変わったことは、僕にとっては残念な思い出です。床一面に塩ビシートが貼られ、寒々しい校舎になってしまった。それに対して、木造校舎は、床の質感が抜群でした。床のあの木の質感を、今でも覚えています。[▼12]

こうした建築家の記憶は、栄光の後輩たちによって書き加えられている。
「一学年の生徒数は少なく一八〇名程で、栄光学園の特徴と言えば、教師と生徒の関係が密接で、家庭的な雰囲気があるところです。昼休みも放課後も、教師のもとに生徒がどんどん来る」と林副校長は教えてくれた。開園当時から少人数制の学校であり、神父たちが教員となって各教科を担当した。神父たちは面倒見が良く、いろんな相談事にも応じた。隈が通った一九七〇年代初頭、教員として世界中からやって来た神父たちが勢揃いしていた。

ドイツ人、スペイン人、アメリカ人、メキシコ人と、多彩でした。彼らは十分すぎるくらいに人間臭くて、弱点だらけの、愛すべき人達でした。僕の家にも、しばしば神父様が遊びにきてくれました。一生独身を貫き、神に人生を捧げた人達というと恐ろしげですが、彼らは、実に愛すべき、楽しい人達でした。ビールを飲んで、母の家庭料理を食べて、最後は僕の家の小さなお風呂にまで入っちゃうのです。[▼13]

昔も今も、彼らの面倒見が良いことは確かであるが、神父たちと隈は、より打ち解けた間柄になったようだ。隈は、彼らのおかげで、言葉の壁を乗り越えることができたし、キリスト教に対する違和感を持たずに建築家の道に入ることができた。

新校舎の竣工祝賀会の壇上に立つ隈は、栄光の卒業生や神父たちに囲まれている。喜ぶ気持ちを隠しきれない隈の、うつむいて口を尖らせる少年のような姿があった。

黙想の家で死に向き合う

栄光学園には、もう一つの体験がある。隈は、次のように回想している。

人生のこの時期に、イエズス会というユニークな宗教に出会えたことは、とてもありがたいことでした。なかでも、自分にとって貴重だったのは、高校一年の春の、「黙想の家」での体験です。[▼14]

ポカラの大木神父と一緒に過ごした三日間は、僕の一生の財産です。[▼15]

栄光生たちのたわいないトピックスのなかに「黙想は極めつけだ」という話があった。この話を聞き、隈は、上石神井にあるイエズス会修道院の「黙想の家」で、大木神父が説教する黙想会に参加することにした。それは修道院の高い塀のなかで、隔絶された静かな三日間である。三日間は、ずっと黙っていなければならない。口を開くことは禁じられている。しんと静まり返って、物音一つしないなか、大木神父の底知れぬ声が響き渡る。「人は必ず死ぬ」という内容である。「一〇代の日常に、死と向き合うことなんてほとんどない」にもかかわらず、「死の話をがんがんされて、「ああ、俺、もう、死ぬんだ」という気持ちになる。いよいよ怖くなった」[▼16]そうなのだ。一〇代の若者が死ぬことを考えるのである。

「その声を聞いただけで、この人は本気なんだ、生命をかけて、このどうしようもない幼稚な子供達に何かを伝えようとしていることが伝わって」［▼17］と隈は、さすがに見抜いている。しかしそれだけではなく、隈は戸惑っている。隈が戸惑うのはなぜだろうか。

その人の背景を知ることで、これらの手がかりとしよう。太平洋戦争末期、人間魚雷「回天」の特攻に志願した若者が、栄光学園で倫理の教科を担当した大木神父である。

海軍に入ったとき、私は死ぬつもりでした。自分に神様からの召し出しがあるとは確信できなかった。だから、一番危険なところに身を置いて、それでも生きて帰ることができたら、これは召し出しの証だ。神様は私を使おうと思って導いてくださったんだと、そう考えようと心に決めたんです。ちょうどその頃、教会の中でも特攻隊のことが話題になっていました。［▼18］

戦局が日増しに悪化した一九四四年夏、入隊先である広島の海軍潜水学校で、大木青年の前に一基の魚雷が横たわっていた。それが「回天」だった。特攻兵器「回天」は魚雷を改造し、魚雷のなかに人が入り、潜水して敵艦に近づき、体当たりする兵器である。上官が「お前たちは幸せだ。一億円もする棺桶に入れるのだからな」と言う。それからは死と隣り合わせの日々である。「「行く覚悟のある者は申し出よ」と言われ、私は「これだ」と思いました。神父になれないのなら天国に行くんだ、と本気で志願しました」[▼19]と大木神父は当時を振り返る。優秀な隊員から出撃搭乗員に選ばれ、「回天」を載せた潜水艦で作戦海域へ向かった。訓練中に同期生が命を落としても、「もったいない」と思うだけで、悲しむ気持ちはない。選抜されないと本気で残念に思った。そして終戦を迎えた。

終戦時の思いは複雑である。出撃できなかった無念と、解放されるという思いが交錯した。「しかたがない。神父になるんだ」と決意した。玉音放送の後、基地内で銃声が聞こえた。何人かの隊員が「回天」の前で銃口を頭に当て、自殺していた。復員後、イエズス会の神父となった大木青年は、栄光学園と広島学院で、倫理の教師として教鞭を執った。その後、ネパールに渡って、約三〇年の間、ポカラというヒマラヤ山脈の麓の町で障害者のための教育施設を運営し、障害者の自立を助けている。ポカラの彼は、貧しい人々のなかで暮らした。二〇〇九年に帰国し、六年後に帰天した。その生涯は激動のなかにある。

栄光学園時代には厳格な教育を行い、生徒たちにかなり恐れられる存在だったという。大木神父による生活指導を「反動的だ」と反発した者もいる。自らのキリスト教に関する関心の源泉だと考え、ネパールまで会いに行った栄光の卒業生もいる。ポカラで神父と面会し、初めて実践神学の見地から彼が解放の神学のシンパであったことを知り、イエズス会の内部では異端的な立場だったことを了解した生徒もいる。こうしたシャルダンの進化論や「死海文書」までも中学生に紹介した神父から、隈少年が感じたことは何だろうか。正確なことはわからない。しかし、一つのエピソードがヒントを与えてくれる。

終戦が間近に迫るなか、大木青年は出撃命令を待っていた。死ぬことを自分なりに受け入れていた。同じく出撃命令を待つ若い隊員は四〇〇名程だった。そのうち、出撃を志願しなかった者は六名である。「この六人は、志願した我々よりも偉大だったことが後になって分かってきました」と神父は語る。

> 六人は、みんなが寝た後で呼び出されるんです。そして士官室で、「貴様、それでも日本人か」と殴られて、蹴飛ばされる。……みるみるうちに顔が丸くふくれていきました。ボールみたいに腫れて、目の白いところまで黄色になっていった。それでも彼らは「平和日本の再建のために生き残らなければなりません」と言い、屈しなかった。その時期に、その言葉を使ったんですよ。「平和日本の再建」と言ったんです。そして最後まで頑張った。最後というのは、八月四日。原爆投下のすぐ前でした。[▼20]

広島の原爆投下で被ばくした大木神父は、こう話している。

> 彼らは、特攻を志願した我々よりも、ずっと崇高な心を持っていたと思いますね。我々は破れかぶれだった。[▼21]

しかし、彼らも行くところがなかった。故郷に帰ることもできない。戦後になって、この六人の行方を調べるように、大木神父はわざわざ新聞社に頼んだが、結局のところ、何もわからなかった。大事なことの意味は、ずいぶん後になってからしか、わからないのかもしれない。

神父の生涯は、まさしくそれを明示している。

隈研吾は一五歳の春に「黙想の家」で大木神父と三日間を過ごした。それは一二歳から一八歳までの多感な時期の中高一貫教育である。なぜ「中間体操」を行うのかとの質問に、「最初はやっていることの意味がわからなくても、毎日参加するなかで、そこに自分で意味を与えることが大切なのだと生徒に説明する」と林副校長は応じた。栄光生は新校舎でそれを少しずつ学んでいる。隈は母校への思いをこう明かした。

人間同士は、お互いに響き合うところがあります。こちらが相手に優しくすれば、相手も自分に対して愛情を持って対面する。そんな感情が、他人から押し付けられたものではなく、自分の中から自然に出てくるような感じがします。それを学べたのは、栄光時代でした。

［▼22］

第3章

生きている伝統木造

1 還暦三年後の《ジャパン・ハウス・サンパウロ》

木造との出合い

戦後混乱期を経て、朝鮮戦争が始まるなかで、皮肉にも日本経済は復興の軌道に乗るようになり、鉄筋コンクリート造の構造物が建ち始めた頃のことである。

隈研吾の大学時代の恩師である内田祥哉は、一九五四年に東京大学に招かれ、二年後に助教授となるまで、逓信省で各地の電話局などの木造建築を設計していた。内田の逓信省入省は一九四七年である。内田によれば、当時、逓信省営繕部の建築家たちのなかでは、「いつまで木造建築をやらなければならないのか、このまま一生木造で終わるのかと。ヨーロッパやアメリカを見ると、鉄筋コンクリート造の本格的な建築がどんどんできているのに、われわれは時代遅れになりはしないか。そういう気持ちがありました」[▼1]と言う。

その後、鉄筋コンクリート造が一挙に普及し、一九五〇年代半ばの東京では、「鉄筋コンクリートがどんどん増えていきました。木造しか建たない時期とは雲泥の差で、このころの日本の勢いはすごかった」[▼2]。勢いは続き、建設工事が相次ぎ、東名、名神高速道路などの東京から関西周辺へ延びる大規模交通網が整備され、首都高速道路が開通する。こうした高度経済成長のなかで、所得が上がり、中間層が分厚く育った時代に、「東京が変わっていくことに対して、否定的な感じは少なかったんじゃないかと思います。日本橋の上の高速道路も、今から思えばショックですが、日本橋が犠牲になったことについても、世論はそんなに厳しく考えが及んでいなかったように思っていますね。外堀通のイギリス大使館の前は高速道路をトンネルにしたのだから、景観を守れなかったことはなかったはずなのですが」[▼3]と内田は振り返る。

その頃、日本建築学会は、満場一致で、木造禁止の決議を出した。一九五九年のことである。同年九月の伊勢湾台風で受けた被害を考慮し、建築物の火災、風水害の防止を目的に、危険地域に対する制限として「木造禁止」を決議したのである。木材を不燃化する技術や、ＣＬＴなどの木材を構造的に強くする技術が開発され、中層建築や大規模施設に木が使われ、木が表舞台に立つのは、二〇〇〇年代以降のつい最近のことである。なお、多彩な木の使い方で隈が注目を集めることになるのは、二〇〇〇年前後のことだ。

それまでの日本の建築界では、「僕だって、その場にいたら、手を挙げて賛成したかもしれないよ」と言う先生も数多いほどで、木造を勉強する学生もほとんどいないし、教師が指導する機会も極めて限られていた。やがて一九七〇年代後半から一九八〇年代にかけて、一般住宅、公共建築物を問わず、木造は日本社会のなかから消えてしまう。木造建築は危機的状況に陥っていた。「戦後、豊富にあった日本の材木がなくなって、木構造が衰退するのだけれど」と内田は言う。

内田によれば、「東大の僕の講座（建築学第一講座）には、木構造があったのです」。ただし、「僕は木構造の講義をしていなかった」。そこで、「本当に木構造が駄目になった、どん底の時期を見据えて、講座として、木構造を復活させなくてはいけない」と思い始めた[▼4]。

先を予測しながら現在の状況を確認し、内田は研究のテーマを順々に変えている。それゆえ、内田の研究からは、建築と社会の流れが透けて見える。東京帝大総長を務めた内田祥三を父に持ち、建築界に入った内田は、戦後の住宅不足を解消するために、壁、天井などの部位別のコストを下げたプレハブ化を研究したことで知られている。しかし、それだけではなく、一九八〇年代後半になると、「木造建築研究フォラム」を主宰し、木造の研究を推進している。

「このまま絶やすわけにはいかないと思い、木構造の資料を集める研究からはじめたのです」と内田は振り返っている。衰退する木造建築に内田は目を向けた。

日本の木造継手《つぎて》、仕口《しくち》に興味を持ったのは、中村達太郎先生の残された継手の模型がきっかけです。大学紛争の時に、資材の調査をしたところ、継手、仕口の模型は資材帳に載っていなかったのです。それを大学の所有物にすることは難しいという事務の判断で捨てることになったのです。大学が捨てたものを、僕が個人で拾い、佐倉の国立歴史民俗博物館に寄贈するという形になりました。

私の在籍中は学生に触ってもらって、図面化させたり、触るだけだと記憶に残らないので、

そこにない継手を考案するという課題を出したりしました。［▼5］

それは一九七〇年半ばのことである。隈が大学三年生の頃、内田が行った授業のなかで、三センチ角のバルサ棒で「自分流の継手を作る」という課題があった。

同級生の多くは、日本の伝統的な継手を一所懸命に勉強して、キチッとした精密な継手をつくっていました。けれども、僕は、と言えば、手書きで描いたような継手をつくりました。いわゆる「印籠継ぎ」の一種で、材のバルサ同士を接合する凹と凸とが、手書きの線みたいなものです。ただし、手書きの線だから、凹と凸とを合わせるのに苦労しました。立体方向に勾配を付けないと、ストンと抜けてしまう。それで、微妙に凹と凸に勾配を付けました。

内田先生のコメントも覚えていますね。「冗談のようでありながら、実は、意外によく考えたんだね」と言ってくれて、嬉しかったですね。「内田先生は、ちゃんと見るべきところは見てくれる」と思いました。［▼6］

その継手は、一方の端が突き出て、他方の端がへこんでいるのだが、四角い形状に製材されたバルサの断面が、「四角い円」は想像もできなければ、作図もできないと言わんばかりに、やわらかな異物に変身したような継手であった。この「自分流の継手」が語っていることは何だろうか。もちろん秘密ではない。ある種の「ゆるさ」なのである。だからこそ、いろんなものを許容する。原広司はこう語っている。

ぼくの研究室には、いろいろな優秀な人がいました。その中でも際だって頭が良いのは隈でしょう。人それぞれに特性があるのです。[▼7]

その一端を示す「自分流の継手」は、感受性の痛点である。さらに続きを見ていこう。

ヒノキの木組み

隈研吾が、内田祥哉から三センチ角のバルサ棒を渡され、つくり出した自分流の継手は、アイデアを熟成させ、徐々に展開した。ミラノサローネ会場に展示したパヴィリオン《CHIDORI》(二〇〇七年)は、このバルサ棒と同じく三センチ角の断面を持つ木材を組み上げたもので、人がなかに入れるぐらいの高さがある。さらに、この継手を建物全体に拡張したのが《GCプロソミュージアム・リサーチセンター》(二〇一〇年)である。金物も接着剤も使わず、六センチ角の材を組み上げ、東と南北の三面が約一〇メートルの高さに達するまで、木を編んでいる。こうして、二〇一〇年代以降、「木を編む」ことを隈は発見したわけだが、東京・南青山の《サニーヒルズ》（二〇一三年）では、《プロソミュージアム》と同じく六センチ角の木を編むことで、三層の床を支えている。それが構造的に難易度を高めたのは、水平・垂直ではなく、木を斜めに倒しているからだ。

ブラジルのサンパウロに登場したヒノキと南洋材の木組みゲートは、この延長線上に位置している。《ジャパン・ハウス・サンパウロ》の表玄関を飾るのがそれである。幅三六メートル、高さ一一メートル、重さの合計六トン以上もの巨大なゲートは、「地獄組み」の技術によってでき上がっている。通常であれば、木を組む場合、両方を半分ずつ切り欠いて組む。しかし、地獄組みの場合、三分の二も切り欠く。切り欠きが深いため、一度組み上げると、ばらすことが難しく、「地獄組み」と呼ばれる。《ジャパン・ハウス・サンパウロ》の地獄組みのゲートは、ヒノキを重要資材とするだけではなく、ゲート下部は、構造強化のために、ブラジル産の色の濃い硬い木を組み上げている。個性を互いに引き立て、日本とブラジル両国の友好的な関係を示している。建築において異

Fig.8 《ジャパン・ハウス・サンパウロ》 ヒノキと南洋材のゲート

なることは問題にならない。

「全くの予想外。レストランもカフェも連日完売です」。《ジャパン・ハウス・サンパウロ》は予想を大幅に超え、連日賑わいを見せ、一ヵ月間で七万五〇〇〇人以上が来館した。二〇一七年五月に、外務省の文化広報施設として、ロサンゼルスとロンドンに先駆け、サンパウロにオープンした。当初、外務省から「高い」と心配された数値目標の年間一二万人は、約二ヵ月で達成した。「最新の日本文化に触れられることや、意表を突いた外観が話題を呼んでいる」と人気の理由を外務省担当者は分析している。

「こんなに素晴らしいとは想像しなかった。とても独創的です」と話す興奮気味の二〇代の女性は、隈が設計デザインした木のゲートに興味津々だ。五〇代の建築家は、「事前に建物を下見に来ていた」と言い、「建築のディテールに関心がある。二、三度通い、もっと理解を深めたい」と好印象の様子である。一度訪れた人も、友人を連れて再訪し、すでに訪館回数が一〇回を超えるリピーターもいる。日系二世、三世も少なくない。とはいえ、来場者の八割以上がブラジル人だ。例えば、日本文化に触れる機会が少なかったという七〇代のブラジル人の女性は、ゲートが目に留まり、ふと立ち寄ったと言う。「どういう影響を受けているかわからないけれど、この繊細さは、今までに見たことがない。多くの努力と愛情が滲み出ている」と拍手を送る。開館前に来場者が列をなし、六〇メートルの長蛇の列となることもあった。

サンパウロは中南米の経済の中心地であり、目抜き通りのパウリスタ通りは人通りが多く、たくさんの催し物が開かれ、日曜日には歩行者天国となる。こうした好立地で、開館から約半年で来場者が五〇万人を突破した。《ジャパン・ハウス・サンパウロ》は、サンパウロの新名所になったと言える。

Fig.9　外土間からパウリスタ通りを見る

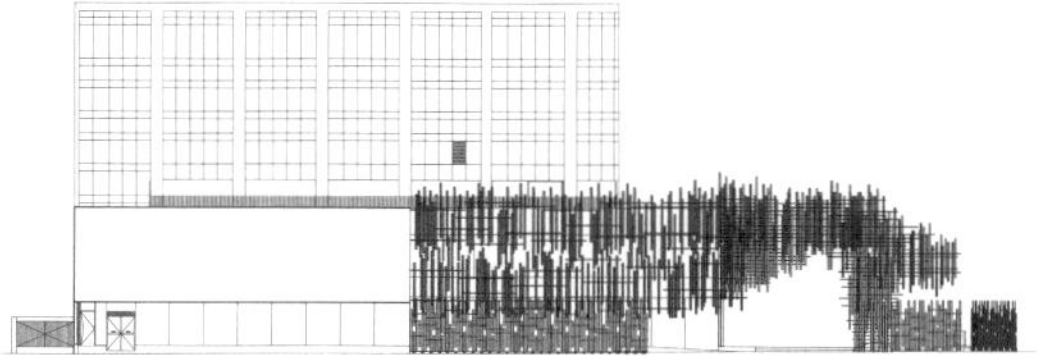
Fig.10　《ジャパン・ハウス・サンパウロ》　立面

影の色を見つける

このヒノキと南洋材のゲートが何にも増してグルーヴ感を出しているのは、奥行き方向に四・五メートルもの深さがあり、最も深く重なる部分になると、木の板が三七層にも及んでいるからであろう。意匠と構造、そして施工が結びつき、多数が一つになり、水面を跳躍しながら遊泳するように、ゲートは躍動感に溢れて生々しい。濃淡の変化が複雑に織り込まれ、厚さ三センチのヒノキの板材とブラジル産の南洋材をはめ合わせ、このゲートは、二カ所のうち一カ所を地面に接地し、もう一カ所を建物の構造体に連結している。炭素繊維ロッドを架け渡すことで補強しているのは、現地の風速が強いためである。この木組みゲートの構造設計には、「何万平方メートルもの建物と同じくらい、各部の応力や変形の解析を繰り返した」と言う。ゲートの解析に何度も検討を重ねた理由の一つに、木の垂直材と水平材とをすべて斜めにかん合していることが挙げられる。構造的に不利に働くが、板同士を斜めにかん合したのは、なぜだろうか。

建築がキチッとした精密さで、工業化に順応していることには、ずっと反発がありましたからね。では、ランダムさをどう出すかについては、ピッチを変えることもあるし、奥行きを変えることもあるけれど、板を斜めにすることで、色が変わるというやり方があります。以前はルーバーを真っ直ぐに取り付けていましたが、材を斜めに傾けると、色が変わり、物が全然違う物に見えることを発見して、最近よくやるようになりました。例えば、影の中に赤い車を置いて、「これは何色？」と子供に聞くと、「黒色の車だ」と答えるという話があるでしょう。同じ物であっても影の中に存在していると、赤い車を黒いと認識するほど、はっきりと違う。同じ材料なのに影の落ち方によって全然違うのです。［▼8］

自然素材の持ち味を生かすために、隈は実験を繰り返している。「ピッチを変える」や、「奥行きを変える」などの粒子を表現する方法をいくつか見つけてきたが、さらに影が主役となると、影の中に自然素材の豊かさを探ることができるだろう。このゲートが木からつくられたことは、それを教えてくれる。

「衣服的であり、音楽的でありたい」

パウリスタ通りに面した「ヒノキと南洋材のゲート」をくぐり、白い砂利を敷き詰めた「外土間」を通り抜け、レンガに孔を開けて風通しを良くするレシフェ地方の技術「コボゴ」を脇目に、中に入ると、エントランス・ホールから一番奥の中庭に至るまで区切る壁はなく、つながっている。《ジャパン・ハウス・サンパウロ》の施設は、銀行所有ビルのGF階から二階までの総面積二五〇〇平方メートルを全面的に改修して、利用することが条件であった。これらの三つのフロアは、諸々の用途に対応可能とするために、間仕切り壁がないのだが、そこに面白い仕掛けがあった。というのは、いずれのフロアにも、可動式スクリーンと天井の仕上げ材として、あちらこちらに浮かぶように、畳一枚ほどの「金網和紙」を使用しているからである。そのため、室内は、やわらかな光に包まれたような雰囲気を醸し出している。

この「金網和紙」は、コウゾを原料とした和紙を液体状に溶かし、アルミ製のエキスパンドメタルに漉《す》き上げ、天日乾燥して、つくり上げる。新潟県高柳の手漉き和紙職人・小林康生さんが現地入りし、ブラジル人につくり方を伝授し、数百枚程を完成させた。小林さんは、コウゾを自ら栽培し、皮をはぎ、水に溶かして漉き上げる工程すべてを手作業で行っている。新潟県高柳の環濠集落にある《陽《ひかり》の楽家》（二〇〇〇年）の「和紙の壁」を手がけて以来、実験的な和紙づくりに足を踏み入れ、《サントリー美術館》（二〇〇七年）の「光壁」をはじめ、しばしば隈の建築物で用いる和紙を漉き上げている。では、《ジャパン・ハウス・サンパウロ》の特殊な和紙づくりは、どのようにスタートしたのだろうか。

それは「ずいぶん昔にさかのぼって」と隈は話している。「今から二〇年ほど前、新潟の高柳で小林さんに初めて出会った頃、小林さんの工房で、木の枝にドロドロの和紙を塗った不可解なオブジェが置いてあるのを見つけました。細い木の枝に和紙を塗ることができるとは考えなかったので驚きました。それ以来、メッシュ状のものに和紙を塗るというアイデアが頭の中に長らくあって、今回やっと約二〇年かけて実現しました」［▼9］。隈からの依頼を引き受けた小林さんは、「金属と和紙の組み合わせは、まだ例が少ないが、未来に向かっての必然があるように思う」と自らの工房に展示した「金網和紙」に書き添えている。二人が互いに協力する関係が垣間見られる。

この「金網和紙」と小林さんが名付けた和紙のスクリーンは、一見すると、伝統的な日本の「障子」と似てなくもないが、和紙を漉いたのが、いわゆる工業製品であることに、何か意図があるのだろうか。

例えば、エキスパンドメタルに和紙を漉き上げると、どういうことが起こるかと言うと、和紙によってエキスパンドメタルの冷たさが消え、和紙のエッジが、もしゃもしゃと出てきます。和紙のエッジは非常に細く繊細なエッジになっています。それがもしゃもしゃと出てくるわけです。その和紙による繊細で直線にならないエッジに現れる、形というよりもむし

Fig.11　小林康生さんのコウゾ畑

Fig.13　小林さんの和紙工房

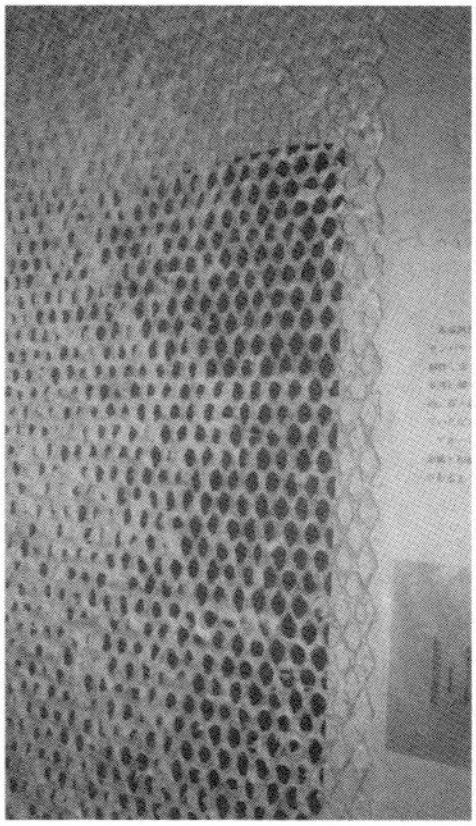

Fig.12　エキスパンドメタルに和紙を漉いたもの

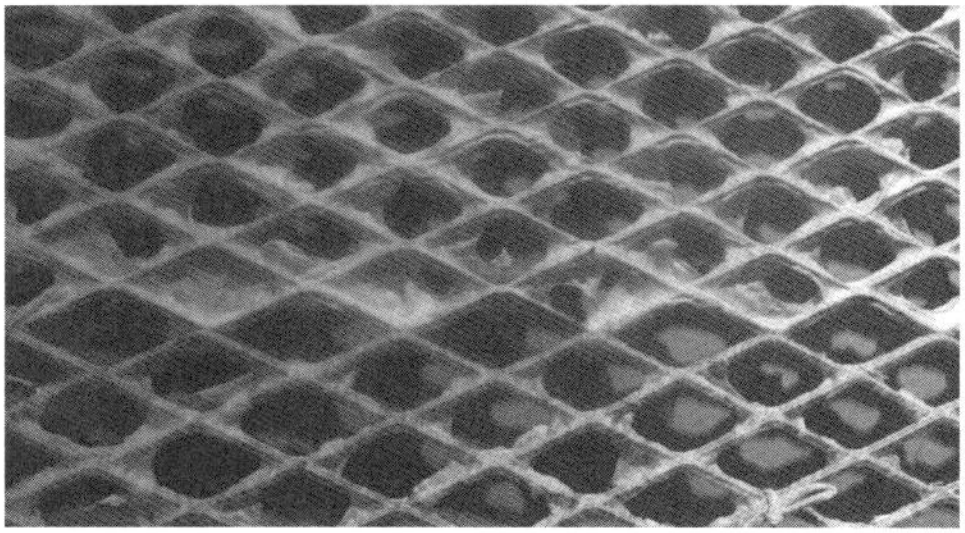

Fig.14　和紙のもしゃもしゃとしたエッジ

ろ、ある種の「ゆるさ」がすごく気に入っています。

しかも、これがいいと思うのは、エキスパンドメタルに張り付いた和紙を、手で強く押すとつぶれてしまうところです。そんなふうにつぶれてしまう物は、現代日本社会の中では建築資材としては不良品だという扱いを受けます。

しかし、少し触るだけで、折れてしまったり、へこんだりしてしまう物が持つ独特な弱さは、空間にやわらかさを与えます。逆に、精度の高い工業製品というのは、僕は疲れるし、それは疲れる繊細さです。そうではなく、僕が目指しているのは、繊細でありながらも、粗さを持つがゆえに、疲れないものです。[▼10]

和紙の繊細なエッジから生まれる多種多様さだけではなく、この和紙のエッジは、「少し触るだけで、折れてしまったり、へこんだりしてしまう」ので、商品の世界では、価値がない存在である。それこそが持つ長所というのは、市場競争から完全に見放されていることで、逆に、すべてに値札がついた数値の社会に生きる私たちの身体が接触しても、「疲れない」という面白さである。

つまり、エキスパンドメタルに和紙を漉いたものは、社会的責任を持たないし、建築物の骨格を覆うことで、建築物の商品価値を高めてくれる存在でもない。建築物の一部として取り扱うには、まったく役立たずなのである。それだからこそ、人の皮膚を包み込み、人の身を守ることが

Fig.15　《ジャパン・ハウス・サンパウロ》　可動間仕切り壁

できるのだ。しかし、この矢印の方向を正反対に向けてしまい、建築物の骨格からその表面へ向かう建築だけが絶対に正しい建築であると認識する人が多い。

実のところ、和紙のもしゃもしゃとしたエッジは、人の皮膚のように、人の身を守っている衣服的存在なのである。隈はこれを指して、「僕のデザインは、衣服的であり、音楽的でありたい」[▼11]と述べる。この意味深な文言は、これからの章のなかで、要所要所に登場する重要なテーマである。いくつかの実例を挙げているが、もう少し大きく明確なものとしては、《アオーレ長岡》の越後スギのパネルや、《中国美術学院・民芸博物館》の野焼きの平瓦群のノイズがそれに当たる。

ひとまず、ここでは「金網和紙」として、工業化社会における衣服的存在を示したが、コンクリートにおけるそれは何だろうか。「時間が不連続で、ドロドロだったものが一瞬で固まってしまう」[▼12]性質を持つコンクリートに対して、対抗手段はあるのかと訊くと、隈から単純明快な回答を得た。

例えば、ヘルツォーク&ド・ムーロンのディテールのなかで、リコラ・ヨーロッパ社工場のコンクリート打放し壁に、雨が流れ落ちるシミをそのまま表現しているのは、僕が一番好きなディテールです。

通常、壁が汚れないように、なるべく雨水を落とすことなく処理した壁を考えますが、リコラの工場は、わざと壁に雨水を落としています。だから、コンクリート打放し壁に、雨垂れのシミの線が何本もついています。けれども、その汚れをむしろ彼らは表現している。その表現を見たとき、同じ方向を目指していると思いました。[▼13]

コンクリートは固まった瞬間が最高の状態であり、時間が経つほど、風や雨のせいでシミがつくのは非常に汚いし、商品価値が下がってしまうと考えるのが、近代の成長・拡大路線における正しさであった。それに対して、このヘルツォーク&ド・ムーロンのディテールでは、固まったコンクリート壁につく雨垂れのシミの線は、逆に、雨が降るたびに変わっていく表情を楽しめる。ときには、雨の粒を光の粒が照らし出し、それが美しく輝くことさえある。これはコンクリートの死体が甦っている。

木のノイズ

一九五〇年代から一九六〇年代にかけて日本の建築を形づくったのは、第一に「工業化」であり、第二に「コンクリート」である、と隈は言う。『なぜぼくが新国立競技場をつくるのか』（二〇一六年）によれば、「ぼくが生まれた一九五〇年代は、「木の国」だった日本が「コンクリートの国」に転換する時代でした。ぼくが育った時代の日本を形作っていたのは「工業化」「高度成長」「コンクリート」といったキーワードです」［▼14］と分析し、「しかし、一九九〇年の初めにバブルがはじけ、それから阪神・淡路大震災と東日本大震災という二つの大震災を経て、時代のキーワードは「少子化」「高齢化」「低成長」と大きく変わりました。その転換の最終的な結末が、コンクリートから木へという、素材の転換に帰着するとぼくは考えます」［▼15］と言及する。では、素材の転換にあたって、これから先の木の建築における共通性とは何だろうか。

環境にノイズのある方が、生物は安心するからといって、人がノイズをつくろうとすると、色を選ぶにしても、乱数表などを使い、色を選ぼうとすればするほど、ノイズが不自然なものになってしまいます。それに比べて、木のバラツキ加減は、とても心地良いノイズのように、生物を安心させます。［▼16］

これは、木の建築においては、寸法に関わることでもある。隈はこう考えている。

日本人が木材を使いながら獲得したことのなかで最も優れているのは、木材を小さな寸法で使うことです。コンクリートの柱は、約一メートル角といった寸法で、柱や梁などすべてが決定します。手で押しても引いても絶対に動かない材料と寸法です。それに比べて、木造の柱は、僕らの体と同じほどの強度しか持っていません。こうした小さく細い木材は、人間に身近な感覚を与えるし、安心させてくれる。安心して付き合えます。[▼17]

《ジャパン・ハウス・サンパウロ》では、厚さ三センチのヒノキと南洋材のゲートが目に留まり、パウリスタ通りを行き交う大勢の人が、この建物に立ち寄っていることからもそれは確かめられる。その先へ進むと、と隈は説明した。

ノイズが入っている状態を上手く音楽にするのは、木造的だと感じます。[▼18]

一九七〇年代に、ロック歌手のデヴィッド・ボウイが来日したとき、高層ホテルから真下に広がる東京の町並みを眺めて、「サイバネティックス・シティだ」と感想を漏らしたという話を聞き、隈はこう補足した。

東京の町では、いろんな家がまったく違う平面を持っていますが、どんな平面であっても、雨が溜まることなく流れるように、屋根勾配を考え、屋根を架けることは、日本の木造で進化したシステムです。彼はそれを上から見て、複雑性があるけれども、その複雑性の背後にひそむ原理をそう言ったんじゃない？　木造の屋根を見てね。[▼19]

音楽のことを考えてみると、まったく形や大きさの違う平面がちぐはぐに置かれているというノイズから音楽をつくるのは、降っている雨を受けとめ、地面にまで流していく木造の屋根勾配の法則である。貧富の差すらもなく、抽象的なものが心に届く。しかも、この木造の雨仕舞いの法則は、古くから現在の「音楽的でありたい」[▼20]という隈の設計デザインに至るまで、政治や経済の形態がいかに変化しようとも、継承されているものなのだ。内田はこのように指摘している。

和小屋を横架材の上に束を立てただけのものとすれば、八世紀の頃からあるが、束の間隔が一定になるのは一二世紀頃で、当麻寺の本堂が二つの棟を一つにまとめて屋根型を作っているのがよく知られている。これらは、いずれも雨仕舞いが目的で、雨の多い日本だからこそ考案されたものと思われる。

もちろん当初は、社寺・宮殿に使われていたのであるが、一八世紀頃から細い束を貫で固

めるようになり、これが大規模な民家に普及した。［▼21］

木造の屋根勾配の法則は、ずいぶん古くから確認することができる。さらに木に関する隈の基調講演をもとに、この「和小屋」に関する基礎的な知識を得ることにしよう。

中国から韓国、日本に木造のつくり方がさまざまに伝わりますが、基本的に、柱をランダムに立てるという考え方ではなく、幾何学に則り、柱を立て、その上にフレームを載せるものです。一方で、屋根の小屋組として、「和小屋」という言葉を聞いたことがあるかもしれません。「和小屋」というのは、束を使い、必要なところに、梁と束で屋根を組んでいくものです。江戸時代に確立した技術であると言われています。

この「和小屋」であれば、どこに柱を立てても、屋根を固めることができます。屋根それ自体が「和小屋」で組まれるので、柱の位置は、あとから動かすこともできるという非常に洗練されたシステムです。例えば、増築したり、改築したりする家がありますが、「和小屋」の木造であれば、素人でも手直しが簡単ですし、完成したあとに失敗したと思ったら、少し直すこともできます。［▼22］

「和小屋」は木造の小屋組の一種で、屋根にトラスを組み、構造的に固める「洋小屋」に対して、梁と垂直部材の束によって屋根勾配を支えている。日本の木造住宅のなかで、最も多く採用されている小屋組である。隈は講演のなかで、こう続けている。

巨大な木は、特別な寺で使うことがあっても、日本では一般的に使いません。木は「小径木」が基本です。この約一〇センチ角の断面を持つ「小径木」を使うことは、日本建築に大きな影響を与えています。まず、柱が細い。空間的に言うと、柱が細いことは、透明な空間をつくるのに最適です。太い柱では、どうしても存在感が出てしまいます。

日本の木造建築では、小さく細い柱をランダムに立て、その上に、どんな屋根の形にも対応可能な束を立てます。そして、畳やふすまを置き、軽やかな一体の空間をつくります。このように、手軽さ、気安さ、そして、空間の優しさを示しているのは、日本の木造しかないわけです。［▼23］

『極小・小・中・大のディテール』（二〇一二年）のなかで、隈は内田に「木構造はいつから細い方向に進化してきたか」と問い、内田は、次のように分析している。

正確にいつ細くなったのかわからないけれど、桂離宮の直前で書院造りが細くなったんだろうと思う。桂離宮は極端に細いですよね。それ以前の書院造りというのは角が欠けていない材料で作っていたでしょう。桂離宮の頃から面皮を使ったり、数寄屋になる。そうすると、とたんにどんどん弱くなってきた。〔▼24〕

日本の木造の継手は、材を欠くので、強度が弱くなる。さらに柱が細くなり、強度が弱くなった柱梁の構造を、壁構造で補強している。増改築のときには、柱と壁とを同時に動かすこともできるのだが、いずれにしても、柱の断面の厚さよりも壁が薄いため、柱梁構造だけで建物がつくられているようにも見える。「日本の木造建築のうまいところは、柱梁構造といいながら強度的には壁構造で、壁構造といいながら空間的には柱梁で、壁はいつでも取り払えるという移動壁構造みたいな感じで、僕は大変しゃれているなと思います」〔▼25〕と内田は伝統木造の柔軟さを見抜いた。

このように木の建築に関する隈と内田の見解を示したが、構造的な視座から日本伝統木造を再考する建築家として、この二人ほど際立った存在は見当たらない。伝統のディテールから最新技術に至るまで、多彩な木の使い方からもそれはわかるところである。

意匠と構造と施工の一体化

ところで、木の建築は、コンクリートの建築をつくるよりも、かなり手間がかかる。意匠と構造と施工が密接に結びつかなければならないし、建築家としての立場に立つと、木の建築は、コンクリートの建築をつくるよりも難しそうだ。隈はどのような意見を持つだろうか。

コンクリートは、「この形にしたい」とデザイナーが言えば、あとは構造家が自動的に設計してくれるところがあります。デザイナーとエンジニアが協働しなくても、コンクリートの建築はでき上がってしまう。しかし、木の場合、デザイナーとエンジニアが、ひざを突き合わせ、これはできるか、この組み合わせ方は可能か、と最初から最後までキャッチボールを続けなければ、木の建築は面白くなりません。そういう意味では、コンクリートの場合、設計はすごく簡単だし、エンジニアとのコミュニケーション不在でもかまわないから、悪く言えば、コンクリートは安易な建築です。

デザイナーだけで完成してしまう建築というのは、僕は興味が持てません。そのデザイナーの頭という限界によって規定されてしまうからです。それに対して、エンジニアと一緒に行うと、エンジニアの脳と僕の脳との双方が拡張された一種の脳のように、お互いに考え合うところがあります。それが面白いわけです。

例えば、高知梼原の《梼原町総合庁舎》にしろ、《木橋ミュージアム》にしろ、エンジニアとひざを突き合わせて考えているからこそ、それぞれの建築物がまったく異なった解答に

なりました。設計というのは、一人では決してできないところが良いのです。[▼26]

内田祥哉も同様に指摘している。

日本の木構造という講義は木構造だけ学ぶものではありません。鉄骨構造や鉄筋コンクリート構造と違って、木構造を成立させるためのさまざまな造作までも含めないと意味が理解できないところがあります。[▼27]

なるほど、コンクリートの建築は、いかにも建築家が設計した建築物のように見える。巨大な造形をつくり出すコンクリートに腰を抜かし、コンクリート打放し壁を切り裂く光に呆然としびれ、野放図に走る形を可能性だと勘違いすることもあるが、人が体得するときに、ショックを与えられたり、ギョッと驚いたりすることで得られるものは、多くの物事を知ることで得られるものに比べて、悲しくなるほど少ない。そういうことを木構造は明確にしている。

では、《ジャパン・ハウス・サンパウロ》のヒノキと南洋材のゲートはどのようにつくられたのだろうか。

施工については、このゲートの取り付け作業のために、岐阜県中津川市加子母《かしも》を拠点とする中島工務店から、飛騨の匠の技を持った五人の職人が来伯し、現場の作業を行った。中島工務店は社寺建築の施工を行うが、今回のような「地獄組み」ゲートの施工は初めてである。大きな構造物となるため、日本で仮組みして、入念な準備を行った。この仮組み作業は、岐阜県中津川市加子母の作業場で行われたが、隈もそこを訪ね、棟梁たちと一緒に問題を洗い出した。仮組みの段階では、南洋材の部分も含めて、ヒノキですべて組み上げ調整した。仮組みを終え、解体して現地に送った木組みゲートは、サントス港の税関で通関が大幅に遅延し、すでにブラジルに渡っていた飛騨の五人の職人たちは一カ月近くの間、ヒノキの部材が届くのを待つことになったが、無事ようやく到着し、施工が始まった。休みは日曜日と元旦のみとして工事の遅れを取り戻した。

《ジャパン・ハウス・サンパウロ》のアンジェラ平田館長は、海外で初仕事をする宮大工がブラジルで年末年始を過ごすことになったので、彼女の自宅に招き、シュラスコ料理をふるまい、激励した。後日、彼女が来日した際、久しぶりに会った宮大工が「ブラジルに帰りたい」と打ち明けてくれたことは、彼女の誇りである。棟梁は、「今回の旅で、若い宮大工が、日本の匠の技を世界に広める気概を持ってくれたら」と願っている。

では、さらに議論を掘り下げて、このヒノキと南洋材のゲートを担当した中島工務店の職人たちと、隈が出会ったのは、どこなのだろうか。

《ジャパン・ハウス・サンパウロ》の計画が立ち上がって間もない頃、打ち合わせのためにブラジルに滞在した隈は、発想のヒント探しをしようと、イビラプエラ公園内にある《サンパウロ日本館》を訪問した。しかし、あいにく改修工事中であった。この改修工事を行っていたのが、飛騨の中島工務店の職人たちなのである。県産の木材約五トンを使い、湿気で傷んだ木材を取り外したり、新しい木材を挿入したり、障子を取り替えたり、と《サンパウロ日本館》を無償で修復していた。そこで、東濃ヒノキの良質さと彼らの仕事ぶりが隈の目に留まり、木組みゲートを製作することが決まったというわけである。

これから述べるように、山本喜誉司をはじめ日本人協力会が実現に骨を折り、日系コロニア再統合の思いを込めた《サンパウロ日本館》建設に賛同した中島工務店は、一九八八年の日本移民八〇年祭以来、節目の年ごとに、ブラジルに宮大工を連れて行き、無償で《サンパウロ日本館》の修復を行っている。木の建築は、手直しを続けながら生まれ変わるし、時間の流れのなかで絶えず変化していく。

2 生年の《サンパウロ日本館》

「勝ち負け抗争」の美しい亡霊

一九五四年にサンパウロ市政四〇〇周年記念祭が開催され、都心に近い約一六〇ヘクタールに広がる敷地に、イビラプエラ公園が造成された。この市営公園の建物の多くは、オスカー・ニーマイヤーが設計し、彼独特の未来的な形がよく知られている。水鳥の群れが集い、花が咲き揃い、数百種を超える木が植えられ、ゆっくりと散策する人が多い。

この公園のなかで、緑豊かなユーカリの林に囲まれた人造湖の一角が、敷地として提供され、日系コロニアが《サンパウロ日本館》を寄贈することになった。設計は、堀口捨己である。この《サンパウロ日本館》が建設された一九五四年は、隈研吾が生まれた年である。

ここからやや時代をさかのぼることになる。ブラジルでは一九五四年まで日本の戦後処理は未解決のままの状態であった。第二次世界大戦直後にブラジルの日本移民の間を駆け巡ったのは、「日本は負けていない」という言説であった。日本が勝つと信じ続けた人は「勝ち組」、負けたという事実を受け入れた人は「負け組」と呼ばれた。日本の敗戦を信じない「勝ち組」は、当時、移民の七割以上いたと言われる。日本と交戦しなかったブラジルで生活し、短波ラジオの受信機から聞こえてきた前日までの大本営発表とその日の玉音放送との落差があまりにひどく、終戦直後から日本移民の間に「戦勝デマ情報」が飛び交うようになったからである。

戦前日本の国粋主義的教育を受け、ブラジルで貯金して日本に帰ろうと考えていた戦前移民は、ブラジル生まれの自分の子供に日本語しか教えていなかったし、敗戦後の日本の状況がわからないばかりか、ブラジルに永住することに混乱した。やがて「勝ち組」の指導者は、「国賊どもに天誅を加えると、その功績は日本政府に伝えられ、金鵄勲賞に輝く」と偽情報を流し、「負け組」の制裁を開始した。一九四六年に「負け組」の一人が「勝ち組」に殺害された事件を発端に、凄惨な事件が多発し、二三人が死亡し、一四七人が負傷した。これらの抗争だけではなく、詐欺事件も横行し、「勝ち負け抗争」は戦後一〇年間近くも続くことになった。

この「勝ち負け抗争」から二分していた日系コロニアの統合を成し遂げるために、東山農場総支配人の山本喜誉司が尽力し、「聖市四百年祭日本人協力会」が発足した。そして《サンパウロ日本館》として実を結んだのである。一九五四年に開催されたサンパウロ市政四〇〇周年記念祭では、イタリア移民やドイツ移民などが日本移民と同じくイビラプエラ公園にパヴィリオンを制作した。しかし、常設館は日本館だけであった。山本は、「日系社会を統合するには時間がかかる。後世に残る立派なものをつくらなければ、勝ち負け抗争で広がった悪いイメージを払拭できない」と常設館にすることを譲らなかった。そのこだわりは、祭典後、日本館を訪れる客足が減り、維持費の捻出に苦慮したとき、その赤字の補塡をすべて山本の私財で賄うほどだった。

こうした経緯からわかることは、一九五四年という年に《サンパウロ日本館》をめぐり、一方では、高度経済成長期に入る能動性と、もう一方では、太平洋戦争の戦後処理が未解決のまま「戦勝デマ情報」に苦しめられる沈滞とが共存した状態となったことである。

《サンパウロ日本館》の設計者の堀口捨己は、自選作品集『堀口捨己作品・家と庭の空間構成』（一九七四年）の「あとがき」をこう始めている。

まず私の「さんぽうろ日本館」について、池辺陽氏から厳しい批評をうけ、それについて

『新建築』誌に出した私の答えを一部引こう。

池辺氏は「現在のいわゆる和風建築は紙障子の使い方一つについても現代の建築家のその時代への屈服を示す以外の何ものでもない。……」（『新建築』一九五五年六月号）と。

私は紙障子を使うのに池辺氏がいわれるように「屈服」という強い感情を感じたことがない。まわりに子供のころから見慣れていて、なんの珍しさも覚えないこと、空気や水に近い。

[▼28]

Fig.16 《サンパウロ日本館》(1954)

Fig.17 《サンパウロ日本館》 9段上り大広間に入る

工業化社会に則したデザインを推進するという立場に立つと、この《サンパウロ日本館》は懐古趣味に映ったのかもしれない。池辺陽はこう述べている。

私はこの日本館を見て、はっきりいってなんの魅力も感じなかった。この作品には創造的なものがない。現代の時代の苦しみが全く反映されていない美しい亡霊のような感じを

受けたのである。［▼29］

日系社会に起こった「勝ち負け抗争」を思えば、《サンパウロ日本館》は「美しい亡霊」であろう。しかし、「現代の時代の苦しみが全く反映されていない」わけではない。《サンパウロ日本館》の建設にあたって、堀口は現地に出向せず、堀口の代理として、現場監理を大江宏が務めた。大江からの《サンパウロ日本館》の建設現場報告は、その苦しみの一端を示している。大江はこう報告する。

これらいずれも第一級の日本の材料が現場倉庫に入ると、日々これに集まる在留邦人が引きも切らず、なかには何百キロもの奥地からはるばる出て来たおじいさん、おばあさんが、畳の表をさすり、檜の肌をなでながら、生きて再びこんな目に会えるとは思わなかった、といって涙を流す様には、思わず胸が熱くなった。［▼30］

おじいさん、おばあさんが反応した「畳の表」や「檜の肌」は身体的なものであり、工業化の目標を達成していく手段となるデザインとは対極的である。

和風建築からどう逸脱するか

隈研吾は、木の技術によって表現できることを展開したり、延長したりすることを考えている。そのなかには、モダニストが「現在のいわゆる和風建築」として敬遠する表現も含まれているが、しかし、そうした限定を否定して、隈は、木の技術を探求している。そこで、現代建築家として、「近代和風の系譜」からの逸脱を意識しているかと問われたときの隈の考え方を示しておきたい。『住宅らしさ』（二〇一三年）によれば、「意識しているけれど、「逸脱の仕方」が重要です」と言う。

吉田（五十八）さんによる「大壁の採用」で、幾何学が消され始めた（＝抽象化され始めた）わけです。僕は、そんな「和風的幾何学への意識」からさらに逸脱して、「モノとモノの関係性」だけを考えたい。その結果、モノには「薄さがある」ことを意識せざるを得なくなる。［▼31］幾何学→抽象性→身体性。和風三段階論の現在進行形として、「原始的な生物としての身体と、現代的な物質との関係」でデザインを考え始めている。［▼32］

そのデザインの一つが、太平洋に面した崖の上にあるヴィラ《Water/Cherry》（二〇一二年）である。クライアントのミスター・Dはロシア人で、よく京都に通い、日本の伝統的な旅館に宿泊するのを楽しみにしている。彼から数寄屋風建築をつくるように依頼された隈は、これまでのモダニストと同じように、和風の世界に足を踏み入れた途端、自分の世界観が崩れ去ってしまうことが恐ろしくもあったが、伝統的な木の技術を現代に活かすために、依頼を引き受けることにした。柱のピッチは、尺寸ベースである。京間畳の寸法を基本モデュールとして、「屋根も外壁も、可能な限り小さくて軽いエレメントへ分解した」と言う。一寸弱のスギ材が、隙間を取りつつ並べられたり、一寸弱の幅に無垢の材を切り欠いたりしながら、壁となり、天井となり、このヴィラを形づくっている。屋根のアルミ板は八ミリと極めて薄い。

庭にサクラの木があり、小さな棟がいくつかある。目の前にある海と連続するように水が流れる池の上に、これらの小さな棟が浮かんでいる。ほかの小さな棟は平屋なのだが、一棟は海を眺めるために、二階が縁側付きの大広間となり、この大広間は、ヴィラ《Water/Cherry》の見せ場となっている。このように池の上に張り出した縁側と大広間があるという構成は、堀口捨己の《サンパウロ日本館》との共通点である。では、ヴィラ《Water/Cherry》が「幾何学→抽象性→身体性。和風三段階論の現在進行形」にどう挑んでいるかを《サンパウロ日本館》と比較していこう。

桃山から江戸初期の数寄屋造りに、新しい工法や新しい材料を応用するなかで、近代和風建築は混構造となる場合が多い。固めるところはコンクリートで固めて、軽やかにしたいところは鉄を使うこともある。ヴィラ《Water/Cherry》の部材は、小さな寸法の木材を使用しているが、構造材は三寸角や四寸角などの細い無垢の鉄骨を用いている。《サンパウロ日本館》の場合、木造真壁造りだが、小屋組は鉄骨である。和小屋にすると木材の量が増え、輸送が困難だったからである。

イビラプエラ公園は広大な面積を持ち、《サンパウロ日本館》のために提供された敷地は、ユーカリの林がニーマイヤーの建物からはっきりと遮断していたので、建築をつくる環境としては申し分なかったのだが、堀口はさらに、日本館と庭園の周囲に築地塀を立てている。この築地塀は、瓦葺きの日本館と錦鯉の池の周りを囲むように、大壁造りのじゅ楽土塗りと、さらし竹のつめ打ちとし、量と質を対比させた。

堀口は、『国際建築』(一九五三年一二月号)に掲載された「さんぽうろ・いびらぷえら公園の日本館設計について」と題する文章のなかで、こう説明している。

> ニーマイヤーのやるような曲線や、色彩や、量感の圧倒と全く別のもの、細い直線、薄い平面、軟い量、そしてモノクローム。これが私の選んだ設計の行き方である。日本の木、日本の紙、日本の土、それに少しばかりの硝子、少しばかりの金属、これが私の使う材料。だがこの建物の建築的取り扱いや意匠の在り方は、あくまで近代的でありたい。これが私の建築家としての心構えである。[▼33]

《サンパウロ日本館》は、日本瓦葺きの日本館と鉄板葺きの付属展示館との二つの棟からなり、

Fig.18 《サンパウロ日本館》 大広間と茶室

Fig.19 《サンパウロ日本館》 完全な円形の手すり

渡り廊下で両棟を連結している。堀口は、これらの建物と庭園を設計した。庭園は築地塀で約七〇〇平方メートルの長方形に区画され、庭園の中心は錦鯉が泳ぐ池となっている。この庭園の池を眺めるための縁側付き大広間は、玄関口を入ると、九段の階段を上って大広間に入るという、かなり思い切った高床である。

隈はここに感心し、「建物の一部が池の上に浮くという構造は、六〇年前だと斬新で難易度も高い」と、改修工事を終えた《サンパウロ日本館》を再訪して感想を述べた。しかしそれだけではなく、隈はこう付け加えた。

堀口さんが生きた時代は、キチッとしたことが求められる時代でした。例えば、《サンパウロ日本館》では、完全に丸い断面の手すりを使っています。しかし、数寄屋造りの古典的ヴォキャブラリーのなかに、完全な円の断面を持つ丸太を使うものはありません。堀口さんや吉田五十八さんなどが、和風の世界に持ち込んだものです。つまり、精度や精密さが求められた工業化時代の精神を、数寄屋の世界に持ち込んで、彼らなりに表現したことです。

それに対して、僕らの生きている時代は、そうした直線の時代ではなく、その後の時代です。僕らは、直線の時代を乗り越えようとする時代に生きている。それを建築で表現したい。

[▼34]

紙障子を使うことが「屈服」と皮肉られた表向きの論争からは見えなかった直線の時代を覆う全体主義的傾向がここに垣間見られる。

脱「直線の時代」

まず、直線の時代のことを振り返ろう。

《サンパウロ日本館》の大広間は、五〇畳ほどの板間と八畳の茶室と四畳の水屋からなる。方形に床板が張られた板間に、一寸角のヒノキを均等に配置した座椅子と座卓が置かれている。この座椅子と座卓は大江宏が考案したもので、座椅子の高さと同じ高さに、床面を上げた畳間が茶室である。八畳の茶室の小壁は、障子をはめ込んだ欄間となり、方眼状に組まれた格天井に連続している。

天井は、この格天井と桐板を縦横に編み込む網代組みの天井板からなり、格天井のなかでも、天井照明が内蔵された部分は、朱色に白の小紋入染紙張りの和紙が挟まれ、格子状に仕上げられている。これらの細い木材は、方形に仕切った線を際立たせている。大広間は、硝子戸が入り、縁側に隣接している。大広間と縁側から錦鯉が泳ぐ池を眺めることができる。幅一間の一八畳ほどの縁側は、正円の断面を持つ削り丸太の手すりがつき、これらの比例や、幾何学的な線を強調する手法は、《サンパウロ日本館》が直線の時代の産物であることを表している。

一方で、ヴィラ《Water/Cherry》の大広間も同じく、四〇畳のリビングルームは、六畳の畳間と三四畳の広い板間からなる。畳間の座椅子とソファが、床から同じ高さに置かれている。この畳間の小上がりは、床面の高さを持ち上げているが、座卓の下の一畳分を掘り下げているため、和と洋との関係は、限りなく中間的なものとして立ち現れている。それは、この小上がりの先端が細くなるところに明確に表れている。この先端の細さに比べると、《サンパウロ日本館》の小上がりは、この関係に意識的ではないことがわかる。

このように「薄さがある」という問題意識は、真上から見ると、円を何周も回るだけに見えるが、堀口の時代に比べて、否定を発展の契機とし、螺旋的に発展している。その典型例が、「内臓の粘膜」と評されている奇妙な大広間である。ヴィラ《Water/Cherry》は、玄関口からケヤキの上がり框に無垢のクリ板の階段を一一段上り、その踊り場で海を眺めながら、さらに一一段上ると、突如一転して、洞窟にいる雰囲気が充満しているリビングルームとなる。

一転して、というのは、二面で構成した切妻屋根の形にもかかわらず、この大広間は正方形に区切られ、天井では、八寸程の幅の板が四方向から等間隔で中心に集まり、「大和張り」で互い違いに板を張り合わせながら、急勾配をせり上がるからである。この洞窟のなかは、ルネサンス的部分である。

しかしながら、天井や床などの造作では、宮大工がずいぶん難しいことをしているのだ。四方から中心に向かい、急勾配を上がるスギの板は、双方の角が細かに折り合い、木目までもが互いの線を合わせている。それは、正多面体の幾何学から、凝集するしなやかな細い繊維へと古い殻を破り、遠近法的な位置決定の固い殻を脱ぎ捨て、大広間が、やわらかな皮膚で包まれる奇跡的な一瞬である。こうした技術を持つ大工は相当少ない。手仕事による絶妙な調整のおかげで、建築物はフレームの延長線上ではなく、人の皮膚からスタートし、この「内側の粘膜」に接触するというデザインが感じ取られる。様式か経験かという二項対立を越えた知的操作である。

さて、「緊張感のある白の世界のように、抽象化を突き詰めた日本のデザインを追求している人たちは、エキスパンドメタルに和紙を漉いたスクリーンを「雑だ」と感じたようだね。しかし、仕事をするというのは、ちょっと考え方がズレている人たちと一緒にやる方が、僕は面白い」[▼35]と隈は、建築設計の仕事仲間に、親密な友情を見せた。

第4章

商品ではない建築を目指して——隈の地方時代

1　日本の片隅で建築を考える

高知県梼原町との出逢い

バブル景気に沸いた一九八〇年代後半から一九九〇年代初頭にかけて建てた建築物のインパクトが強すぎたせいか、三〇年以上を経たのちであっても、あの頃の思い出話を催促して、隈からの本音を聞き出そうとする人は多い。木、竹、土、石といった素材に関心を示す建築物を昨今はさまざまに展開しているにもかかわらずである。その詳細は第1章で述べたが、実際のところ、日本経済の追い付き成長期が終わりを迎え、バブル景気が崩壊し、いよいよ不況が繰り返されるようになると、一九九〇年代の一〇年間にわたって、隈が設計を依頼される機会は激減した。東京では実作どころか、ミーティングに誘われることすらなくなり、廃業寸前に追い込まれていた。「僕が自分の事務所を開いたのは一九八六年だが、一九九二年にいわゆるバブル景気がバーストし、日本は不況の一〇年間に突入した。この一〇年間、東京での設計の依頼は全くなかった。地方の小さなプロジェクトをやることで、なんとか事務所をつぶさずに済んだ」[▼1]と、隈は『物質と建築』（二〇一二年）のイントロダクションに書き留めている。

その「一〇年間の間、僕の事務所を支えてくれたのが、東北と四国の仕事だった」という。「文化の豊かさ、濃さは、そこに住む人々と一緒に仕事をし、そこの職人と一緒に物を作り、そこの食べ物を食べ、そこの酒を飲んで語り合わなければわからない。バブルがはじけた後の時代の一〇年間、僕は東北と四国から、「小さな場所」の豊かさをたっぷりと教わることができた。この一〇年間がなければ、僕は変わることができなかっただろう。今のような建築を作っていなかっただろう」[▼2]と思いを巡らせる。

Fig.20　高知県梼原町

その一つが高知県の梼原《ゆすはら》町である。木を本格的に使った建築物の第一号となる《雲の上のホテル》が一九九四年に完成し、二〇〇六年に《梼原町総合庁舎》、二〇一〇年に《まちの駅「マルシェゆすはら」》、《梼原木橋ミュージアム》と二五年以上にわたり、隈研吾は小さな町に四つの建築物をつくっている。

「「地方の一〇年間」がもたらした設計手法の変化」と題した『日経アーキテクチュア』(二〇〇一年六月号)に掲載されたインタビューでは、いつもながらの鋭敏な洞察力を発揮している。「地方の街おこしや商店街の再生の仕事では、建築をつくらないという解答を出す場合も多い」が、しかし、と隈は言う。

最終的な形態以外の部分で、素材を一つ選ぶことが地元の産業のどの部分を新たに引き上げ、素材に携わっている人達の生活をどう変えられるかを、建築を通じて提案したいと思うのです。そういうことが実は大事だと、地方の人達と接点を持つうちに勉強できたし、日本にまだ残存する面白い素材や産業を、建築を通じて再生できる可能性があることが分かりました。[▼3]

地元の人と接点を持ち、どのように提案したのだろうか。自然エネルギーを積極的に活用した地域振興で知られ、海外からも隈の設計した町営施設を視察するために観光客が訪れるようになった梼原町で、隈建築の歩みを辿ってみよう。

高知県の梼原町は、四国カルスト台地にある山間の町で、清流四万十川の源流域に位置する。町面積の九一パーセントを森林が占め、林業を基幹産業としている。梼原の町民は、森林から湧き出た清流が、町内を蛇行し、四万十川に合流し、海に注いでいるという源流域の山間町で生活する意味を理解し、農業集落排水を高度処理して、生活雑排水の処理などに努めている。また、一九九九年に風力発電を設置し、風力で得た売電収益を環境基金として積み立て、太陽光発電、小水力発電、地熱、木質バイオマスなどの自然エネルギーの導入を推し進め、継続的な森林保全を行っている。この梼原町の森林は、半分以上がスギなどの人工林であり、森林整備が必要なことから、間伐にも力を注いできた。

そこで、戦後の林業史をひもとくと、日本は、総面積の約七割を森林が占めるにもかかわらず、木材の自給率が二割まで落ち込んでいるという苦しい現状が浮かび上がってくる。

戦後は、復興のために木材需要が急増し、戦争中の乱伐で荒廃した山や雑木林に、住民総出で植林を行い、スギやヒノキといった成長が比較的早く、建築資材などになる経済的価値の高い針葉樹を植える「拡大造林」政策が急速に進んだ。梼原町では、スギなどの人工林が全体の七割を占めるまでになった。ところが、木材需要の急増で高騰した国産材の価格を安定させる目的で、段階的な木材輸入の自由化がスタートし、一九六四年に木材輸入は全面自由化した。この時期には、すでに家庭用燃料は薪や炭から、石油やガスに大きく切り替わっていた。こうした影響で、大量に供給できる外国産材が市場に出回るようになり、一九八〇年頃から国産材の価格は落ち続け、林業が衰退していったことは周知の通りである。

戦後の「拡大造林」政策から生み出された多くの人工林が収穫期を迎えているが、せっかく植えたスギやヒノキが売れなくなってしまい、伐採されないまま放置された森林も少なくない。梼原町も同じく、地域の活力が低下していた。その頃、隈は、林業の活性化のために、「できる限り梼原のスギを使ってもらいたい」と梼原町長から話を持ちかけられることになるのであった。

地元の木から建築をつくる

事の始まりは、隈が、梼原町にある高知県で唯一の木造芝居小屋《ゆすはら座》の保存運動に協力した一九九〇年頃のことだった。それが梼原町産のスギを使った《雲の上のホテル》(一九九四年)を設計する契機となった。

僕がニューヨークにいた頃、僕に会いに来た日本の建築家グループの一人に、高知在住の建築家がいました。彼は《ゆすはら座》の保存運動に取り組んでいて、彼が言うには、「隈さんみたいに海外経験のある人が、あの建物のことを素晴らしいと言うと、あの建物を保存するか否か悩んでいる人たちに効き目があると思うから、ぜひとも《ゆすはら座》を見に来てくれ」とのことでした。

〝木造の芝居小屋〟と聞いただけでも、すごく興味を持つことができたので、僕は見に行くことにしました。すると、《ゆすはら座》は、細く、小さな部材を組み合わせ、空間を構成していたので、心地良く感じたし、僕の好きなタイプの木造でした。

それに加え、畳の上に座るという劇場は、近代的な椅子とは全然違います。木造芝居小屋《ゆすはら座》は、床との関係性が面白かったのです。だから、町長と《ゆすはら座》を見学した後、夜は一緒に飲みながら、「これはすごい建物ですよ」と町長に話したわけです。

すると、同日の夜のことです。梼原町長は、「公衆便所なんかでも、設計を引き受けてくれますか?」と僕に言うのです。僕は、本当に仕事がない頃だったので、すごく嬉しかったし、「喜んで、公衆便所でも、やらしてください」と言いました。バブルが弾けた頃でしたね。そのやり取りのなかで、町長から、「自分たちは建築に関しては、そんなにうるさいことを言わないけれど、梼原は木で生きてきた町だから、木だけは絶対に使ってくれよ」と念押しされました。それで、僕の方は、確かに《伊豆の風呂小屋》は木造だけれども、大学で木をしっかりと教え込まれたという感じでもないし、アメリカへ行ったときもコロンビア大学で特別に木の建築を勉強したわけでもないから、自信はないけれども、「いや、もちろん木でやりますよ」と言ったんです。[▼4]

Fig.21　木造芝居小屋《ゆすはら座》

こうして《雲の上のホテル》の設計が始まった。ただし、「それは、世間が一般的に期待する「木について職人から学ぶ」というようなお行儀のいいプロセスとは少し違うものとなった。学ぶというよりは、職人を挑発するといった方がふさわしい」[▼5]と隈は振り返っている。例えば、「土壁の中にどこまでスサの分量をふやせるかをつきつめて、左官の親方自身が、「こんな壁、みた事がない」というくらいの、粗い土壁が誕生した。このしつこいほどのやりとり、やり合いこそが、設計というものの正体なのである」[▼6]と明かす。

《雲の上のホテル》は独自の木造システムであった。四本の細い木柱でスチールプレートを挟み、間隔をあけてボルトで縫い付けることで、一本の柱とした。「木材を小さな寸法で使うこと」は、この《雲の上のホテル》においても同じである。とはいえ、《雲の上のホテル》が完成した一九九四年頃は、隈建築の過渡期だった。バブルが崩壊した東京に仕事がなくなり、隈は、すっかり意気消沈してしまったが、しかし、そこで生まれた反省を、次の仕事に活かすために、めげずに根気よく続ける力を失ったわけではない。そのおかげで、それぞれの場所で、それぞれの職人と話し合い、自然素材への関心が広がった。やがて《雲の上のホテル》が竣工してから一五年ほど経ったのち、その西隣に《梼原木橋ミュージアム》がオープンした。この《木橋ミュージアム》では、日本の伝統木造建築に学び、軒の荷重を支える部材を繰り返し組み上げる「斗栱《ときょう》」が、圧倒的な存在感を示すことになる。

まず中規模木造建築の第一号となる《雲の上のホテル》では、伝統木造それ自体を表すのではなく、それに付随する巧妙な環境づくり、つまり日本庭園に着想の源泉を求めることから、隈は、伝統木造を現代建築に適用し始めている。日本庭園から、だんだん近づいたのである。

反オブジェクトとしての建築

《雲の上のホテル》は、床面を延長した水面の向こう側に、梼原の森と雲がある。いくつかの雲状の屋根を架けている。向こうの梼原の森と雲に、こちらから水面を延ばして働きかけ、箱として閉じるのではなく、庇を長く出すことで、こちらに引き寄せて、周りの環境と主体との関係性をつくり出している。屋根の先端を細くしたり、水盤を覆う水がオーバーフローしたりするのは、建築物の細部がオブジェクトとして突出することを防ぐためである。それらの細部の繊細な処理によって、建築物を「単体」として独立させるのではなく、タウトが愛した桂離宮の竹縁のように、水面を隔てた向こう側とこちら側との関係性が生じることを目的としている。

桂離宮の竹縁では、竹でつくられた縁側の水平面が、庭と主体との関係性という意味で、大きな役割を果たしている。隈は、タウトの桂離宮論について、「彼の言う関係性とは、主体と庭園との関係性であった。建築は、その二つの関係性を規定するためのパラメーターの一つにすぎない。その意味において、彼の桂離宮論は、きわめて奇妙な、拍子抜けのするような建築論である。なぜならそこでは、建築よりも庭園が語られるからである。そして、もし建築が語られたとしても、建築はそれ自体が客体（オブジェクト）として語られるのではなく、庭園と主体とを接続する媒介として、メディエイターとして語られるのである」[▼7]と分析している。

《雲の上のホテル》では、竹縁の代わりに水面が、環境と主体との中間に挿入される。晴天の日

Fig.22 《雲の上のホテル》 水面に映る柱

Fig.23 《雲の上のホテル》 24時間利用可能な公衆トイレ

には美しい鏡張りの水面を見ることができる。水面は、実像以上に季節や時間の移ろいを映し出す。少しでも風が吹くと、水面に波が立ち始める。その瞬間にもう消えていく束の間の存在にすぎないが、しかし、さまよいつつ、失われた実像を浮き彫りにする。

　失われた実像とは何か。いくつかの雲状の屋根と、水面とその下のランドスケープとをつなぐスギの列柱は細い材である。梼原町産のスギの細い列柱が、水面に映し出され、実像と虚像が結ばれる。水中では、ほとんど聞き取れないものが声を上げている。おそらくその声によって、水面下の世界は、己の存在を主張し続ける。建築家は、水中にうごめく沈黙する声たちに耳を澄ましている。カワセミが水中から獲物を取るように、失われた実像を、生の身体に移植することが、建築家の役目である。

　物質の涙の泉が、彼の魂の源泉である。

隈の名著『反オブジェクト』(二〇〇〇年)では、「海底の、一番深い場所で、この本を書いていたような気がする。書いた当時は、そこが一番深いところだとは思わなかった。しかし今振り返ってみると、その時僕は、暗い海の底を歩いていて、そのなかでもとびきり深く暗い穴のような場所を歩き、さまよっていたような気がする」[▼8]と告白している。

そのようにじっとしているうちに、聞こえてくるものがあった。物質のうたう声である。オブジェクトを否定し、形を否定しても、物質だけは否定しようがない。この僕の身体が物質そのものであり、物質を否定すれば、身体を否定せざるを得ず、この自分を否定せざるを得ない。その同じ物質で建築も構成されている。物質という否定しようのない、確実なものにたちかえったことで、自分の建築ははっきりと変わり始めた。海の底にあって、倒れもこわれもしようのない岩盤、物質に出会ったのである。底の底ではじめて、建築をつづけるための確かなきっかけを手に入れる事ができた。記号的なものに、金融的なものに抗するきっかけを手に入れることができた。まさにターニングポイントであった。海底にタッチして、息が切れてしまう前に、なんとか再び海面へと上昇を始めたのである。その自分自身にとってかけがえのない一瞬を記録したのが、この『反オブジェクト』という本である。[▼9]

隈にとって「海底の、一番深い場所」の一つが、スギの産地となる高知県梼原町であり、「海の底」にある物質の一つが、地域材の木である。しかし、物質と場所をつなぐためには必要なことがある。地元の人たちと建築家との信頼関係が築かれることで、それが可能になる。

高知県梼原町は、人口四〇〇〇人足らずの中山間地域であり、高知龍馬空港から車で二時間以上も離れている。四国の山道を走り、梼原町内に入る国道一九七号は、「行くな酷道」とあだ名されたほど、幅員が狭く険しい。梼原町に転勤命令が下ると、辞職願を出す者が多かったことから、幾重にも折れ曲がる布施坂は「辞職峠」と呼ばれていた。この国道一九七号沿いの「道の駅」が《雲の上のホテル》である。梼原町は、行政で雇用の場をつくり、地域を活性化しようと、国土交通省に登録し、一九九四年に宿泊施設や駐車場が一体となった「道の駅」を開駅した。道の駅《雲の上のホテル》は、スギの細い柱が林立する水面の下に、長距離ドライバーが二四時間利用可能な公衆便所を設置している。つまり、梼原町長が唐突に、「公衆便所なんかでも、設計を引き受けてくれますか？」と隈に設計を依頼したのは、この道の駅《雲の上のホテル》のことなのである。

後日談になるが、隈が、ある講演会のなかで、「町長から依頼を受け、「公衆便所をぜひとも、やらしてください！」と快諾した」[▼10]と明かすと、会場はドッと笑いに包まれた。世界中から関心を寄せられ、八面六臂の活躍をする建築家のサクセスストーリーにおよそ似つかわしくなかったのかもしれない。

しかし、当時の隈研吾は、地方の町で「何とか喰い繋ぎたい」と本気で考えていた。人生の途上で、大きな障害にぶつかって、建築への熱い思いはあるのだが、乗り越えがたいものに打ち当たった。この困難な時期に、梼原町と隈は出逢った。《雲の上のホテル》では、先に進みたいという気持ちが、こぼれんばかりに滲み出ている。隈はこう振り返っている。《雲の上のホテル》の木と鉄の合わせ柱とした独自の木造システムは、「チャレンジングなシステムだったが、鉄と木をボルトで縫い合わせるディテールが複雑になり過ぎていたし、ボルトの数が多くなり、コストも掛かった」。［▼11］しかし、この建築に込められた情熱と、鏡張りの水面にスギの細い柱が映し出される幻想的な姿には、注目すべきものがある。

地域材は「よそ者」を「身内」に変える

この《雲の上のホテル》をはじめとして、高知県梼原町で町産材のスギを使い、《梼原町総合庁舎》（二〇〇六年）、《まちの駅「マルシェゆすはら」》（二〇一〇年）、《梼原木橋ミュージアム》（二〇一〇年）と、これまでに複数の町営施設を設計した。そのなかで気づいたことがある。それは、地域材が持つ力である。地域材は「よそ者」を「身内」に変える力を持っている。例えば、木は、その場所にある土で育ち、その場所と密接に結びついている。だから、木は、「よそ者」である新しい建築物と地元をつなぐ役割を果たす。

隈によれば、「建築家は、「箱モノを持ち込む、自分勝手で強引な人だ」と地元の人たちから嫌われる場合が少なくない。しかし逆に、「この建築家は、しっかりと話を聞いてくれる」と見込まれ、信頼関係ができ上がると、たとえ建築家がかなり実験的な内容を提案したとしても、地元の人たちは「面白い。やろうよ」と言ってくれる」［▼12］という。梼原町と隈研吾は、二〇年以上の月日をかけて、こうした信頼関係を築き上げた。建築物に地域材を使うことで、建築家は、地元の職人と一緒に仕事をすることになる。建築家が一つのマテリアルを選ぶだけではなく、それに関連する技術が、人間関係からスタートして、だんだん深くなるのである。技術によって物質と場所が結びつく。

「こんな職人がいるから、会ってみない？」《雲の上のホテル》の設計を始めた頃、梼原町の人たちに職人を紹介された。隈は、梼原町の紙職人や、須崎市の竹職人と直接会って、技術的な対話を重ねた。地元の職人を巻き込んで設計していくことで、どうやら隈自身も建築が楽しくなったようだ。そのおかげで、隈が設計した町営施設は、どれもこれも個性豊かな表現である。「梼原町との付き合いも長い。それだけに僕の成長も見せないとね」［▼13］といたずらっ子のように、隈は笑顔を見せた。

自然環境保全と地産地消に関心が高まり、地域材を活用した《梼原町総合庁舎》などの隈建築の見学ツアーも人気となり、梼原町は、全国から視察に訪れる人で賑わっている。自治体関係者の視察は、年間三〇〇件を超えると言う。風力発電などの自然エネルギーを導入し、多岐にわたり自然環境保全に取り組んだことで、二〇〇九年に国から認定された「環境モデル都市」となった。小さな町はもてなしに追われる日々が増えたが、「環境が観光につながっている」と歓迎している。これらの観光客や自治体関係者を対象として、梼原町では、隈による町営施設の設計概要を解説したパンフレットを配布している。隈にパンフレットを見せると、「梼原の人は、建物を本当に大事にしてくれるから、やっぱり嬉しいな」[▼14]とにっこり微笑んだ。

2　ブランド化する建築と建築家

建築家における二つのタイプ

隈は梼原町で、三代にわたる町長と信頼関係を築いた。「僕は、三代の町長と付き合っているわけで、それ自体、珍しいことですね。一般的に、新しく就任した町長は、前の町長と同じことを絶対にやりません。したがって、新町長は、旧町長と一緒に仕事した建築家を選びません。しかし、梼原では、三代にわたる町長が僕に仕事を頼んでくれました。三人とも仲良くなったし、非常に珍しいケースです」[▼15]。

こうした経験から導き出されたことを、隈はこのように分析している。

建築家の種類は、大別すると、二つに分かれます。一つは、自分だけのいわゆるブランドがあるタイプです。例えば、安藤忠雄さんの場合、世界一のコンクリート打放し建築という「安藤ブランド」があります。安藤さんは、それをイタリアの町でもやるし、瀬戸内海でもやるし、アメリカのどの町でもやる。差し障りのある言い方かもしれないけれど、「世界中のどこでも、安藤は、安藤流コンクリート打放しをやる」というやり方で、相手に圧力をかけるのが上手い。

僕は、相手に圧力をかけるのは、あまり上手くない。「俺がこうやるから」とか、「俺がこんな優れたアイデアを出すから」とか、「俺が」を主語に考えるのは得意ではない。だから、もう一つのタイプですね。僕の場合は、自分が実現するわけだけれど、相手の立場に自分が立つというやり方です。海外でプロジェクトを進めるうえで、日本式を押し付けるのではなく、海外の現場のやり方を活かすことも、これと関係しています。

どんな町であっても、その町に一番の得意技があると僕は思う。きっと何かの技では、その町が世界一になっている。それを上手く引き立てることができれば、その技は世界中に発信できる。だから、その場所が、あるいは、その人が得意なことは何かを考えます。その場所だからこそ、できることがある。

とは言っても、敷地に初めて行くと、「あれ？　こんな場所で、やれることがあるかな？大丈夫かな？」と思うことはありますよ。でも、楽しむことが大事ですね。どんな場所であっても、そこにいる人と一緒に楽しんでやろうと考えると、彼らの得意技も見えてくる。

逆に言えば、絶対に長所に変えられると発想しないと、やっぱり自分でもそれが好きにならないわけです。［▼16］

このように建築家という存在を説明しているのだが、これは建築家自身による同時代の批評として興味深いだけではなく、一九九〇年代に経済覇権主義から撤退し、場所に素材と技術を結びつけるなかで、現在に至るまでの隈の一貫した主張を示している点で、極めて重要な意義を持っている。そこで、これから詳しく検討していきたい。

まず第一のタイプについて、隈によれば、これは単体主義建築であり、その先駆的存在は、ル・コルビュジエである。彼の代表作と呼ばれる《サヴォア邸》は、パリの郊外にある美しい緑地に建つ一軒家で、一階をピロティとして、二階以上を細い柱で浮かせたモダンな住宅であった。

どうしてコルビュジエがサヴォア邸で、ピロティ建築の理屈をひねくり出したか。その手法だったら世界のどこでも通用したからです。場所と建築を切り離しさえすれば、アメリカでもインドでも、どんなところでも建てることができる建築の手法を、彼は早い時期から敏感に見抜いていたのです。どこでも通用するということは、つまり商品としてたくさん売れることです。その意味で、彼はマーケティングの天才でもありました。コルビュジエは、建築に「商品性」という新しい概念を導入したのです。［▼17］

この隈のル・コルビュジエ評は、周知されている学術的な研究とは別の切り口を見せている。なぜなら、モダニズム建築とその成否のうちに、建築学の経済への目配りを確認しようとするからである。その切り口が鮮明であるのは、「商品性」という概念によって建築のあり方に疑問を投げかけ、二〇世紀から二一世紀に至るまでの建築を貫通的に理解する視座を提示しているからであろう。

二〇世紀のモダニズム建築は、使用目的に適って機能的な建築であるだけではなく、コンクリート、鉄、ガラスを使った建築技術の発達から古典的限界を打破するような新しい造形の可能性を示すものであった。ル・コルビュジエをはじめミース・ファン・デル・ローエやヴァルター・グロピウスなどの作品群で花開き、国境を越えた模範像をつくり出すほど強い影響力を持ったことからもわかるように、モダニズム建築は、建築家による作品として限定することがむしろ、普遍性を獲得し得るほどの強固な美しさがあった。それを指して、建築における「商品性」であると言えるのは、なによりもまず、こうした二〇世紀のモダニズム建築が、資本主義的近代化における市場の命令に対して、従属的関係を保っていたからである。モダニズム建築は、経済成長の固有の力学に対して、ほとんど無力だった。

こうした資本主義的近代化における経済成長の固有の力学は、場所と建築を切り離す。まずそれはイギリスでもアメリカでも日本でもドイツでも、次のようなことは誰もが一致して批判することのなかに含まれている。すなわち、非人間的な工業団地、密集したオフィスビル群、画一的な郊外型住宅の大量生産などへの批判である。

産業革命と、それに続いて加速した近代化は、一九世紀の建築様式と都市計画の流れのなかに、新たな状況を現出させた。資本主義経済は、都市の成長をこれまでとは違った形で規制するようになったからである。工業生産は、工場と労働者団地と生活用品によって、人の生活の場をつくり出した。段階を追いつつ、大規模な都市の労働環境が形づくられたが、それらの場所に、さしあたりデザインや建築様式上の造形は浸透しなかった。生活の貧困が、新しい技術的造形の可能性を圧倒していたのである。その貧困が醜いのは市場経済システムを最優先した結果なのである。

「商品」化される建築

では、建築家の作品は、この対象外だろうか。市場から制限を受けることはないだろうか。「建築は、芸術の領域にあり、美に日常生活を持ち込むべきではない」という意見があるかもしれない。確かに、美しさは、売ったり、儲けたりすることを意味しないはずなのだが、しかし、一九世紀後半以降、美しさは、まさに商品として売られる時代を迎えた。ある意味では、「芸術とは何か」という問い自体が無効になった。芸術もまた、消費社会のなかで、その商品価値が認められたのである。言い換えると、作家としての個人の才覚に存在物を還元してしまうと、無数の読み取りが可能となり、共通した認識に立てず、現実から人の内面を引き離してしまう。その典型例は前衛芸術である。

そもそも芸術家とは、自らの作品に自らの世界観を投影する人物だという認識が定着したのは、一九世紀後半から二〇世紀初頭にかけて、前衛芸術が勃興した頃のことである。旧来の芸術には、さまざまな流派があったが、親方から弟子へ受け継がれるなかで、新しい流派は、それ以前の流派をさほど否定するものではなかった。それに対して、前衛芸術家たちは、芸術それ自体を否定して、「新しいことは美しい」という命題の下に、後のイズムとスタイルは、前のイズムとスタイルを乗り越えたものであると定義した。数多くのイズムとスタイルが現れてはすぐに消えたが、いわば一人親方的に、それぞれの作家が強烈なインパクトを与える作品を残した。

こうした前衛芸術家による活動は、「芸術」の外から見るならば、本人の意思にかかわらず、センセーショナルなイメージと神秘的なイメージで、とりわけ資本主義国の広告業者のホットなお気に入りとなった。例えば、一九三七年に広告会社の部長のM・F・アガーによれば、「シュルレアリスムは、大いに広告業者の心に訴えるものがあった。それは、一目でわかり、私たち全員が知っているアッと驚くような仕掛けが、いくつもの音声入り宣伝広告の基礎となっていた」と言う。コンテナー会社や自動車メーカーの広告は、シュルレアリスムの手法を用い、消費者の購買意欲を掻き立てた。新しいことの美しさという前衛芸術が獲得した芸術史上の革新的成果は、商品の販売戦略にすり替えられ、消費社会に一致した。

それに加えて、同時期に、「商品性」に向かって、作家からの働きかけがあった。ヨーロッパ各国の文芸作家たちが先導し、文学と美術の領域において、著作物の保護に関するベルヌ条約を条文化し、著作権を確立したのは一九世紀半ばのことである。小説や音楽を複製したり、舞台を上演したり、映画を公開したりすることで、作家は、経済的利益を得る時代になった。もちろん、こうした著作権を行使することに抵抗する作家もいるし、著作権それ自体が建築家の仕事に直結しているわけではない。

しかし、ここで言いたいのは、他の芸術家だけではなく、建築家も同じく、自らの世界観を投影する「作品」として建築物をつくり出し、自らの世界観を「ブランド」として、市場経済システムのなかで売る、売られる時代になったということである。なかでも、ル・コルビュジエは「建築に「商品性」という新しい概念を導入した」建築家の象徴的存在であると隈は考察している。場所と建築を切り離し、世界中のどんな場所にでも建てられる建築の手法を確立し、「作家性」が商品価値を高めるための手段となる。前述したように、これは、隈が分類する建築家の第一のタイプである。

ビルバオ現象

その後、経済的命令に従いながら、建築の「作家性」による単体主義、つまり建築の「商品性」で勝負する建築家が増加した。とりわけ二〇世紀末から二一世紀初頭にかけて、この第一のタイプが注目を集めることになった。もはや、株価だけをつり上げて、先進国が資本主義の延命策を取る時代である。「作家性」による単体主義とは何が一致するだろうか。「ビルバオにだけは、建築のパワーによって、資本主義の閉塞を突破できるような高揚がもたらされたのです。以降、世界中の都市が「自分たちもビルバオになりたい」と野心を抱くようになりました」[▼18]と隈は述べている。どういう事態が生じたのか。

ビルバオは工業で栄えた大きめな地方都市で、日本でいえば名古屋に近いイメージです。その意味で小さな村ではありませんでしたが、観光都市としてのネームバリューはゼロでした。それがビルバオ・グッゲンハイム美術館ができた途端に、スペインのみならず、世界中から観光客が訪れる観光地に変身し、一挙に世界的に注目されるようになったのです。それをぼくら建築家の間では「ビルバオ現象」と呼んでいます。

ビルバオ現象が何かといえば、それは、「建築がアイコンとなって都市を救う」という新しい物語のことです。[▼19]

バスク地方のビルバオは、スペインの工業都市で、一九九〇年代以降、地元の産業が衰退していた。そのため経済活性化の一環として、世界各地に美術館を持つグッゲンハイム財団の運営で、一九九七年に建築家フランク・O・ゲーリー設計の《ビルバオ・グッゲンハイム美術館》を開館した。すると、世界中から観光客を引き寄せることになった。毎年、何百万人もの観光客を集めている。その観光客を目当てに、美術館の周辺には、ホテルやショッピングモールやレストランなどが建設され、巨額の経済効果を生んだ。この美術館の開館は、観光客の増加という直接的な経済効果だけではなく、美術館周辺施設の整備に拡大し、産業が衰退した地方都市ビルバオを、世界的な観光都市として甦らせることに成功した。そんなことから、「ビルバオ現象」という言葉が生まれるほど話題を集めた。

開館後、こうした人気観光地となった理由は、《ビルバオ・グッゲンハイム美術館》が二〇世紀末の一九九七年に完成し、二〇世紀という世紀を総括するにあたって、比肩し得るものがないほど独立した存在として建築史に名を刻んでいるからであろう。この美術館は、うねるような奇抜な形状のチタニウムで外壁を覆った複雑な輪郭を持つが、実は、こうした複雑な形状が構造的に成り立つためには、コンピュータ技術が不可欠である。それがこの美術館をして、唯一無二となる作品たらしめている。

建築において、旧来の設計作業は手書きの製図と模型で行われていたが、一九二九年生まれのゲーリーは、彼のキャリアの途中から、設計作業のなかで、米国で開発されたコンピュータ技術を導入した。建築事務所のなかでも、ゲーリー事務所は早い時期からコンピュータ技術を利用している。通常のコンピュータ支援設計（CAD）を使うだけではなく、《ビルバオ・グッゲンハイム美術館》では、航空機の設計を目的に開発されたソフトウェアをカスタマイズして使用した。この美術館の設計デザインでは、総じて、最新のコンピュータ技術を思い通りに用いることができたようだ。

この《ビルバオ・グッゲンハイム美術館》は、年齢国籍を問わず、誰もが一目見れば、記憶に残るような特徴的な形態であることから、「アイコン建築」とも評される。隈はこのように説明している。

野心的な都市の関係者が目をつけたのが、建築家の創造性です。国籍や拠点にかかわらず、「この人はアイコンを作れるかもしれない、それで我々の都市を救ってくれるかもしれない」という希望的観測だけで、ブランド登録された建築家に突如メールが舞い込むようになりました。

「ブランド登録された」とは「キャラクターが立っている」建築家ということで、芸人と似たような基準です。キャラは作品だけで立つわけではありません。出自も含めてのキャラです。たとえば、元ボクサーというのも、キャラを立たせる大きな要素になります。[▼20]

この説明から、第一のタイプの特徴がよくわかるのだが、この特徴は、ル・コルビュジエがモダンな住宅《サヴォア邸》を建てた時点で、すでに確認されたところでもある。では、ル・コルビュジエが《サヴォア邸》を建てた二〇世紀前半とは、何が違うのだろうか。

一九八〇年代に米国を中心として、資本を支配する者は、利潤を得る先を、実体経済から金融経済に切り替えた。世界中からお金をかき集め、一万分の一秒単位で投資し、利潤を求めるようになった。数年に一度、バブルは生成し、崩壊することが、金融資本主義における市場の法則である。バブルが崩壊し、銀行が破綻すれば、それを補うために、公的資金が使われる。貧困層から重く税金を取り、救済されるのはむしろ、金融資産を運用できる一パーセント弱の富裕層である。「富める者はますます富み、貧しい者はますます貧しくなり、格差が広がっていく」というのは、最近では嫌になるほどよく耳にするフレーズだ。設備投資と人材雇用がバブル期に増えても、バブルが崩壊すれば、設備は過剰となり、人々はリストラされる。

少数の大企業が大きな富を手に入れ、多国籍企業化の道を歩む一方で、労働者は、長時間の過密労働や著しく不安定な雇用に苦しみ、「持つもの」と「持たざるもの」との格差は拡大していく方向にしか進まなくなった。なかでも日本は少子高齢化の低成長時代を迎え、戦後の飛躍的な経済成長の支柱であった中産階級が没落した。

アイコン建築

『Studies in Organic』（二〇〇九年）のなかで、隈はこう述べている。

われわれはどんな時代を生きているのだろうか。一九九七年のビルバオ・グッゲンハイム美術館の完成以降、シンボリックな彫刻的建築が、都市の活性化に大きな役割を果たす事への期待が急速に高まった。フランク・ゲーリー設計のグッゲンハイム美術館をきっかけとして、そこそこの工業都市、金融都市にすぎなかったスペインのビルバオは一躍、世界に知られる文化都市へと変身をとげたのである。

このビルバオ・グッゲンハイム以降、見た事のない形をした、ユニークな彫刻的作品がコンペで選ばれる確率が高くなった。中でも最も勝率が高かったのは、ザハ・ハディッドである。ザハは、同席したヒアリングにおいて、決して雄弁でも饒舌でもなかったが、何しろコンペにはめっぽう強かった。［▼21］

ぐにゃぐにゃとした曲面を持つ形態をより強く表現したザハ建築は、こうしたブランド化する建築をエクストリームに擁護して、中国などで急速に増殖した。アイコンとなる建築物によって経済再生を目指す動きは、しばらく続きそうだ。例えば、世界最大の施設数を誇る米国のカジノ・ホテル・チェーンのCEOは、日本の統合型リゾート（IR）開発に意欲を見せ、「我が社が提案するエンターテインメント・リゾートは、家族向けの気軽なレジャーを提供し、地域社会の向上に貢献する。世界に向けた日本のアイコンとなるような建築を採用する予定だ」と期待を込める。

しかし、果たしてビルバオ以上に、資本主義の閉塞を突破できるような高揚がもたらされるだろうか。コンピュータ技術による形態の目新しさは、時間が経つと効力を失うだろう。《ビルバオ・グッゲンハイム美術館》に匹敵するほど爆発的にヒットする建築物は、コンピュータ技術に代わる新技術が開発される日まで待つ必要があるかもしれない。とはいえ、いくら見た目を変形させようとも、数値だけが動く世界のなかで、そもそも「商品」を提示することがどれほど効果的であろうか。実際に建築物ができ上がらなければ、都市を活性化するアイコンとなるか否か判断できない「アイコン建築」のリスクは大きい。

それに対して、「目立つことだけを目的とし、周囲の環境との対立によって、シンボリックであろうとする建築を憎悪する僕の気持ちは変わらない」［▼22］という見解は、隈の経験に基づいている。バブル期の東京にもう後戻りできない。そうした建築の単体主義に追随するのではなく、第二のタイプの建築家は、「相手の立場に自分が立つ」。この建築デザインのあり方が、地方の建築を通して提示されている。

具体的に見ていこう。隈研吾は、場所と建築を、もう一度つなぎ直すには、どうすればいいかを考えている。

3　技術が物質と場所をつなぐ

コストでもなく、スケジュールでもなく

集落が山林に隣接している。地元の職人がいる。日本の地方には、かろうじて素材と技術の関係が残っている。隈は自らの経験をこう語っている。

地方での仕事にチャンスがあると思うのは、時間がかかっても作りたいとモヤモヤ思っている人がまだたくさんいることです。そういう人が、隈さんならやってくれそうだと言って頼んでくれると、とてもうまくいく。早く安くみたいな狙いでこられると、途中で自動的にうまくいかなくなる。［▼23］

バブル期の東京では、コストとスケジュールの打ち合わせしかできなかった。例えば、建築家が「天井のディテールを工夫したい」と話を持ちかけ、職人が直接それに応じてしまうと、スケジュールに支障が出るし、代わりに現場所長があいだを取りもつのだが、現場所長は、工事の見

積もりとスケジュール管理の打ち合わせしかしない。ところが、地方の仕事では、町の大工や和紙職人、隣町の竹職人と直接向き合い、彼らからたっぷり話を聞き、いろいろなディテールを一緒につくり上げることができた。当時の隈は多忙を極めていたわけではなく、依頼される仕事が減っていたので、時間に余裕があったことも幸いした。

そのなかで、現在につながる隈の逸話がいくつかある。バブル景気が弾けた東京を後にして、地方の建築をつくる仕事に力を入れ、五、六年が経った頃、それらが相次いで完成し、ひょんなことから思いがけず、海外の建築作品賞を受賞したのは、その一つである。

二〇〇一年には、《石の美術館》が、イタリアのインターナショナル・ストーン・アーキテクチュア・アワードを受賞し、二〇〇二年には、一連の木の建築が、フィンランドのスピリット・オブ・ネイチャー・インターナショナル・ウッド・アーキテクチュア・アワードを受賞した。隈による地方の建築は、これらの海外の建築作品賞に輝いただけではなく、海外の建築関係者や映画監督などからも熱い視線を向けられた。そこで、これらの建築ができ上がるまでのプロセスを追いながら、第二のタイプの建築家の実像に迫っていこう。

例えば、二〇〇〇年に竣工した《那珂川町馬頭広重美術館》（以下、広重美術館）は、第7章で詳しく述べるように、屋根も天井も壁もすべて地元産の八溝杉のルーバーからなる隈の最高傑作の一つなのだが、竣工時は知る人ぞ知る存在であった。ところが、である。

Fig.24 《広重美術館》 杉の庇

Fig.25 《広重美術館》 光壁

《広重美術館》が、二〇〇〇年に海外で話題作となりました。地元の職人と一緒につくると決めて、和紙は、地元の和紙職人が手漉きし、石は、地元の石切場で採れるグレーの地味な石を使いました。木はもちろん裏山のスギです。屋根もすべて地元産のスギを使い、徹底的に地元を大事にすることで完成したのが《広重美術館》です。

この《広重美術館》は、実は、不便な所にあるんです。馬頭の人には申し訳ないけれど、最寄りの宇都宮駅から車で一時間以上を要するし、バスは一日数本しか走っていない。非常に不便な所です。ところが、この《広重美術館》をCNNニュースが取り上げて、世界中に放映しました。それが、海外の仕事が増える契機になりました。

[▼24]

さらに隈研吾は、お金儲けとは異なる数々の場面に遭遇する。

例えば、栃木の《石の美術館》は、ほとんど無料で設計した仕事だった。隈によれば、こんな経緯であった。

《石の美術館》という名前はカッコいいのですが、実際は、栃木県の小さな石屋が、僕の事務所に飛び込んで来て、設計を引き受けたものなんです。石屋の白井さんが言うには、「地元の古い石蔵を手に入れたので、それを改装して、自分の石を展示するための部屋をつくって欲しい。正直なところ、予算がない。ただし、私は石を採掘できる山を持っているので、その山から採れる石であれば、自由に採り出して構わない。それに加えて、私の作業場に石の職人が二人いる。その職人に何を頼んでも、彼らはやり遂げる」とのことでした。

とりあえず、二人の職人に会うことにしましたが、なんと二人とも御年七〇歳を超える方でした。しかし、職人にどんなことでも頼むことができるのは、面白いかもしれない。というのは、それまでの現場では、「隈さんは、現場所長としか話さないで下さい」と制限を受けていましたし、僕が「このように石を細工して、こういう形にしたい」と伝えても、現場所長は、「隈さん、それはコスト的に無理です。スケジュール的に無理です」と即答するからです。

監理者側から言わせれば当然かもしれないけれど、こちらはさみしい気持ちになるものです。職人と僕との間が完全に引き離されていました。それに比べて、《石の美術館》の場合、「二人の職人と一緒に、好き放題に仕事してくれ」と石屋から頼まれたので、「それは面白い」と返事しました。

結局、工事は五年間程かかりました。というのも、二人の職人はヒマな時間がないときは石を積んでくれないからなんです。他の仕事で忙しいときは、ずっとお休みしています。だから五年程かかって、《石の美術館》になりました。

すると、ある種のユニークな建築物ができ上がったわけです。《石の美術館》は、イタリ

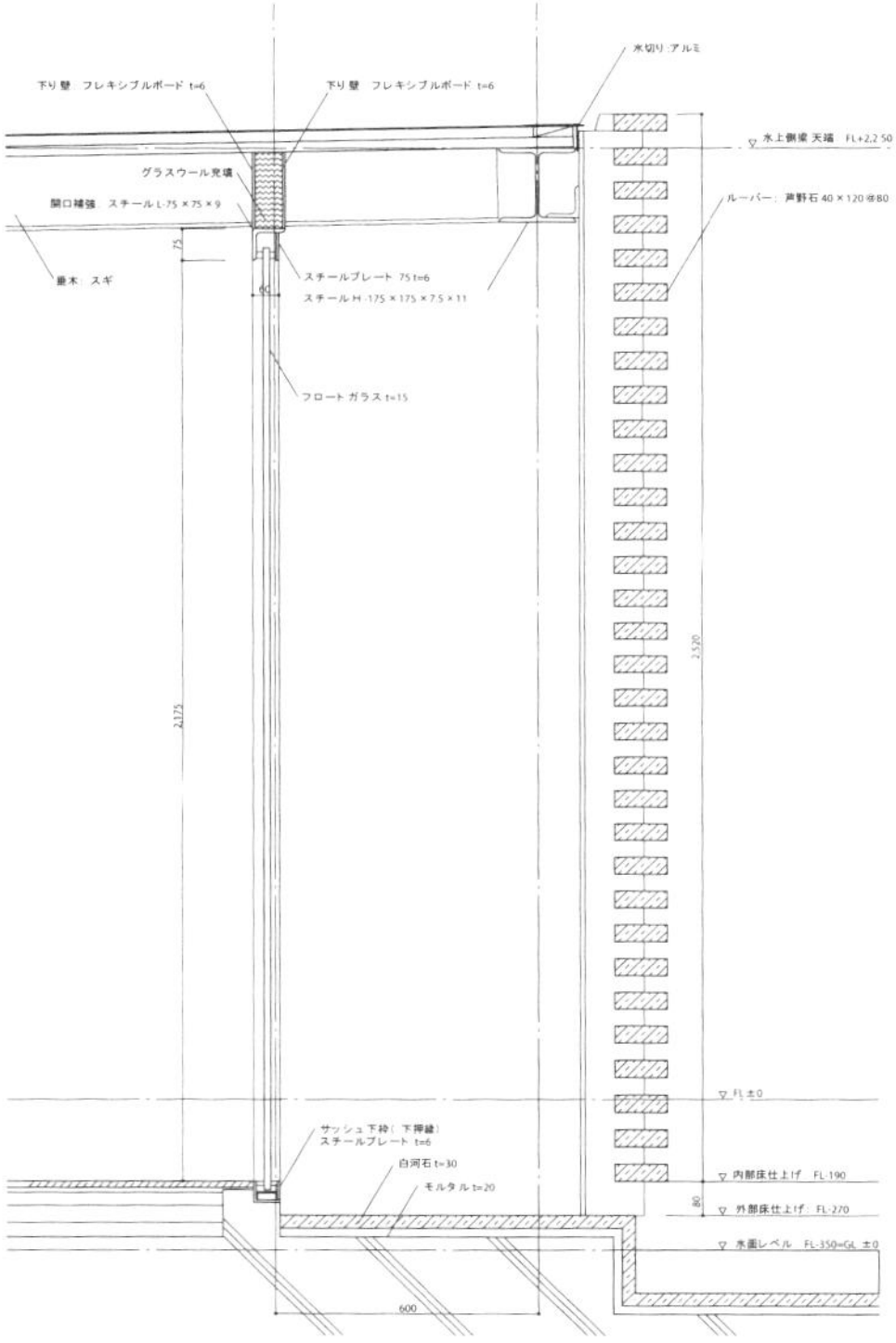

Fig.26 《石の美術館》 石ルーバー　断面詳細

アの「石の建築賞」を受賞しました。本当に突然、二〇〇一年に受賞したんです。石の細かなディテールを工夫することに職人が十分な熱意と力を注ぐというのは、その頃のイタリアであっても、ほとんど行われなかったからでしょう。だから逆に、この建築物が小さくて目立った。それが受賞理由だと思っています。[▼25]

この《石の美術館》を選出した審査員は、イタリアの建築批評を主導し、建築界の中核の一人として知られる『カザベラ』編集長フランチェスコ・ダル・コーだった。隈はコロンビア大学の客員研究員の頃に、建築家カルロ・スカルパを扱ったダル・コーの講義を聴き、独特の語り口に感心していたが、しかし特段、面識があるわけではなかった。それが予想外にダル・コーから授賞の知らせを受けたのである。

この予想外の吉報に、隈が喜んでいるのは確かなのだが、ところで、この「本当に突然」とか、「予想外」とか、「思いがけず」とかいったことは、何を意味しているのだろうか。

木や石などの自然素材によって、地方の建築を粘り強くつくり続けていた隈が、まったく異なる遠く離れた国から、特徴的な自然素材の使

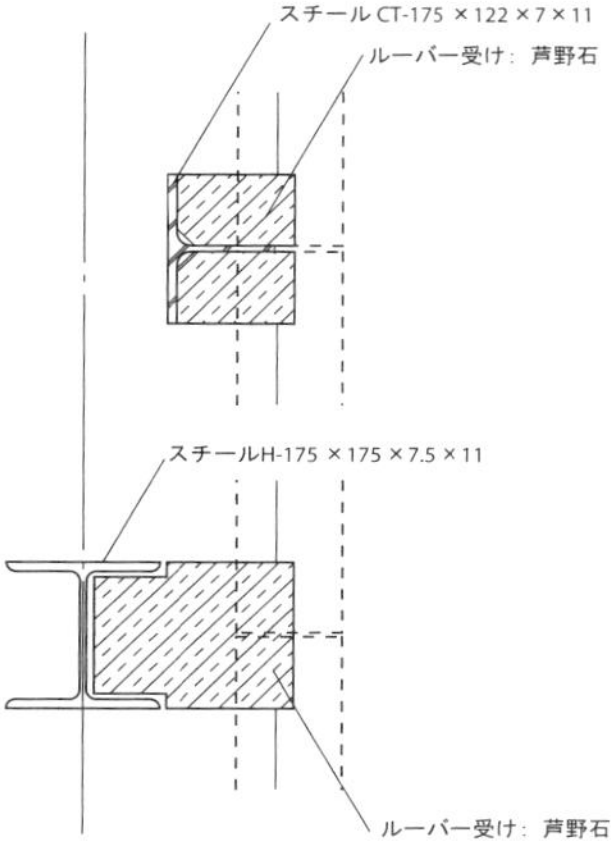

Fig.27 《石の美術館》 石ルーバー平面詳細

い方で高い評価を受け、建築作品賞を受賞する。地方の町や集落で地道な努力を続けていた当事者の隈にとって、それは確かに「本当に突然」で、「予想外」であったかもしれない。とはいえ、双方に共通しているのは、賞の名称からもわかるように素材と技術である。隈は、自然素材による建築的表現を一生懸命に考えている。それを追い求めて、絶え間なく努力できるのは、好きだと、どんどん上手くなるのと同じ論理である。好きになると、好きなことを実現したいと人は考える。それはお金のためではない。こうした隈の個性に結びつくのは、地域の技術的伝統が引き継がれること、つまり歴史である。

建築家の第一のタイプには、「商品性」という概念を導入した「作品」があるが、それに比較して、第二のタイプには、木や石など自然素材に関わる歴史がある。歴史は「商品」になれないというわけである。

自然素材がもたらした「予想外」

そんな違いをもっと知りたい、とある会場で隈に質問が飛んだ。「隈さんは戦略的に世界を目指したというよりは、地方の建築を地味に堅実に続けているうちに、むしろ世界が注目したというのが、事の成り行きですか?」[▼26]すると、次のような答えが、隈から返ってきた。

表向きの時間の流れとしては、その通りです。しかし、地方に行く機会が増えて、《広重美術館》や《石の美術館》などが完成した時点で僕がすでに思ったことは、「これは面白いし、日本に限らず、世界中のどこにもない建築だ」ということでした。やっぱり、そういう自信がありました。

自分が勝負できることは何か、と考えたんです。当時、僕の事務所は所員数が一五人程度で、発注者は大規模な建物を発注してくれるわけでもない。一方で、大手の設計事務所が手

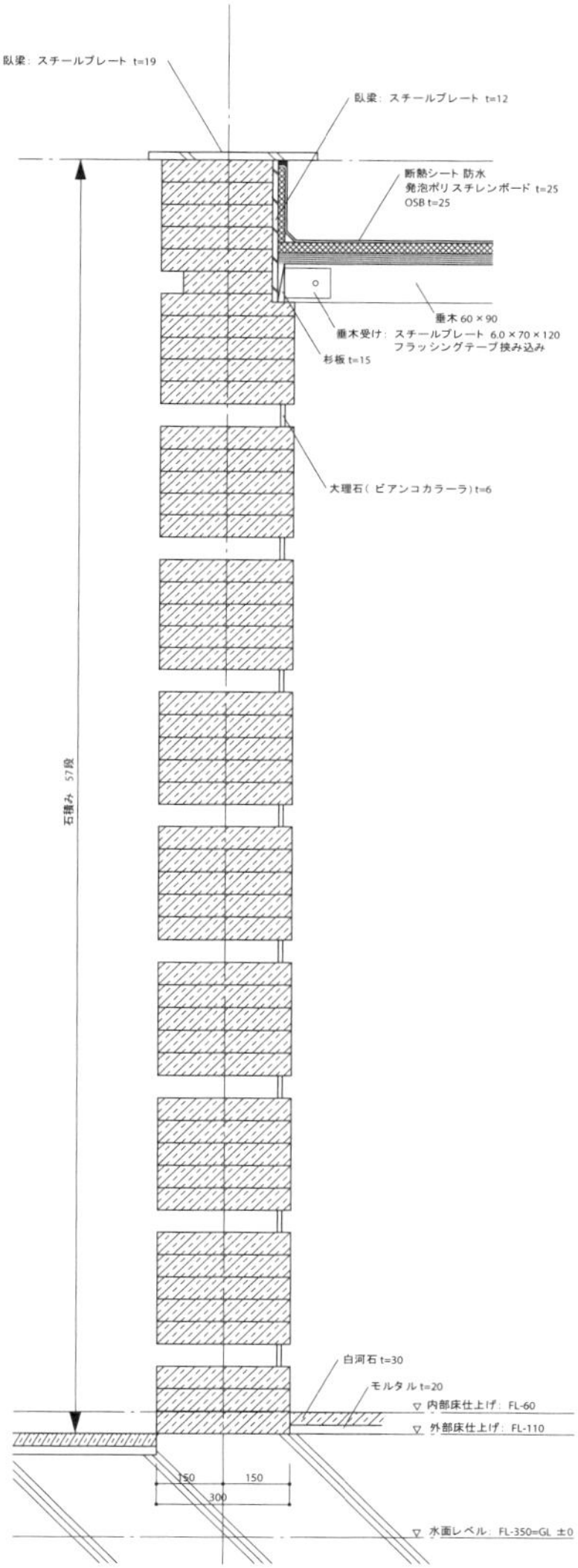

Fig.28 《石の美術館》 石壁 断面詳細

がける建物は予算も高く、技術的にもチャレンジできます。そんな土俵で自分が戦っても、歯が立たない。同じ土俵で戦って、惨めな思いをしたくないし、全く違う土俵に立つことを考えました。

例えば、《石の美術館》では、二人の石の職人は、石を切るのが飛び抜けて得意でした。だから、細い石のルーバーができたのです。細い石のルーバーなんていうのは、当時は誰も思いつかない。石はコンクリートに貼るのが一般的だったわけです。石をルーバーにして、石で格子をつくることは常識外れです。石屋のところで、石の職人と一緒に仕事したからこそ、可能なことでした。

世界と勝負できるのは、この土俵だと思いました。そして、この土俵に立って僕がやることは、今までに誰もやったことがないことだから、もしかすると誰かが見てくれるかもしれないと期待する意識はありました。［▼27］

その予想は見事に的中した。小さな町の仕事が、木や石などの材料に慣れ親しむ国の人々の目に留まる。そこにあるのは、「作品」として限定しているにもかかわらず、売れ筋の美しさなのだから普遍的であると見せかけるような建築ではない。ただし、もし隈が、自らの可能領域を、「誰かが見てくれるかもしれない」と自発的に広げることがなければ、その後、国内外を問わず、建築界の第一線で活躍するような建築家にまで隈は成長しなかっただろう。

こういうわけで、「予想外」なことが重なり、隈は、海外からコンペやコミッションなど多くの依頼を受けるようになった。その意味で触れておきたい、もう一つの建築物が、第2章でも触れた、二〇〇〇年から二〇〇二年にかけて中国に実現した《竹の家（グレート・バンブー・ウォール）》である。

万里の長城の近傍に計画された《グレート・ウォール・コミューン》は、アジアの一二人の建築家がそれぞれ独立した住宅を設計するという計画で、二〇〇二年にヴェネツィア・ビエンナーレ国際建築展で建築芸術促進賞を受賞した。その一つに、隈が設計した《竹の家》がある。《竹の家》は敷地付近の起伏に富んだ地面の形状に合わせ、少しずつ段差をつけ、床の高さを変え、居室が配置されている。直径六センチの竹が同じく六センチの間隔を取って、天井も壁も、繰返し並んでいる。この竹ルーバーが気持ち良いリズムを生み出している。とりわけ水盤で囲まれた竹ルーバーのラウンジは、映画監督の張芸謀《チャン・イーモウ》がいたく気に入り、北京オリンピックのための映像に用い、冒頭シーンに登場した。それによって《竹の家》は中国全土の多くの人の記憶に残ることになった。

《竹の家》は、《石の美術館》などの日本の地方の建築と同じように、隈においては、竹という材料に対する強い興味と、竹の技術に対する絶え間ない探究心から成功を収めたプロジェクトであった。結果的に《竹の家》は郷愁を誘いつつ、中国人に新鮮な感覚を与え、待望のデビュー作となったわけだが、その契機となった北京オリンピックのための映像についても、隈の立場に立つと、「本当に突然」とか、「予想外」とかいった具合に、映画監督の張芸謀の目に留まったのである。張芸謀は、一九六〇年代に起こった文化大革命で下放され、地方の農村で青年時代を過ごしたという。その農村風景が《竹の家》に重なり合い、どうやら彼の琴線に触れたらしい。しかしそれとは対照的に、《竹の家》の設計を始める最初の段階では、隈に少なからず迷いがあって、なかなか一歩を踏み出せずにいたようだ。隈自身がわかりやすい語り口で説明しているので、それを詳しく見ていこう。

忘れもしないのは設計料がいくらかです。「自分の知り合いが住宅を計画したいと言うので、友達の建築家を何人か集めている。隈さんも引き受けてくれないか。ただし本当にすまないが、設計料は全部込みで一〇〇万円なんだ」と、北京大学で教鞭を執った建築家・張永和《チャン・ユンホ》が、僕に声を掛けてきました。「え？ 交通費込み？ 一〇〇万円で全部？」と僕は思わず耳を疑いました。建築家の友達も皆、「ふざけるんじゃないよ。一〇〇万円でできるわけないだろ！」と怒り出していました。

でも張永和はすごくいい奴なんです。僕の友達の張永和が「スケッチだけでも仕方ないよ」と頼みます。しかし、スケッチだけが一番駄目なんです。日本からスケッチだけを送ると、現場の中国では、そのスケッチとは全然違う建物ができ上がります。それならやらない方がいい。設計するのであれば、しっかりと現場に行って、建物が完成していく最後まで付き合わないと意味がないんです。

とは言っても、僕はそれが中国で初めての仕事だったし、やってみようかなという気持ちもありました。万里の長城のそばに建物をつくることは、この機会を逃すと、今後もあり得ないだろうし、昔から建築家のなかでいい奴の張永和が直接電話をかけてくるのは、珍しいことだったのです。だから、これはきっと面白いプロジェクトに違いない。そう思ったので、お金に関係なく、やってみる決意を固めました。つまり、これは一つの教訓ですが、最初からお金を儲けようとするのではなく、これは面白いことになりそうだと思えば、やってみるということです。

そして、重要であったのは、ブディがやる気になっていたことでした。当時、僕の事務所に、文化庁の交換留学の制度を利用して来日したブディ・プラドノ君というインドネシア人の若い建築家がいました。インドネシアのバリ島で、彼は竹の建物をつくった経験があり、「ぜひ僕に担当させてください。僕は現場に常駐して、このプロジェクトを遂行したい」と熱心に言うのです。僕は「一〇〇万円で現場に常駐すると、どうなるの？　俺とブディで、現場と東京の事務所を二、三回往復するだけで、全一〇〇万円を使い切るじゃないか」と慎重に対応しました。

すると、彼はきちんと反論しました。「僕はＪＲパスを持っているので、東京から神戸までは無料で移動できますし、神戸から船で上海に二〇〇〇円で行くことができます。上海から北京まで汽車に乗って、北京で僕が探したホテルは一泊五〇〇円です。一カ月に一万五〇〇〇円だから、もし工事が一年間かかっても一八万円しかお金が必要ではありません」と言うのです。

いまどき一泊五〇〇円の宿があるのかと心配になったり、政府が彼の給料を交換留学として立て替えたりしましたが、僕は「よし、お前がそこまで言うのなら、これは現場も行こう」とゴーサインを出しました。ブディは現場に常駐しました。

毎日ブディは安い観光バスに乗って、北京の安宿から万里の長城まで通いました。北京の中心街から《竹の家》の現場までは、結構、時間がかかるんです。それでも毎日、ブディは現場を監理して、工事の進捗状況を確認しました。だからこそ、こういう建物ができ上がったのです。［▼28］

隈の考えのなかには建築事務所を経営する経営者としての考えがあることは間違いない。そのなかで算盤勘定の制約を受けながらも、できる限り努力していることを読み取ることができる。この努力は実ったのだろうか。

結果として《竹の家》は大成功でした。僕の事務所のビジネス的には、もちろん大赤字ですよ。しかし、《グレート・ウォール・コミューン》は、万里の長城の下に一二人の建築家たちが住宅を建てるというプロジェクトでしたが、アンケートを取ると、《竹の家》は抜群に人気ナンバー1だったんです。デザインが大好きなクライアントの中国人の女性ディベロッパー・張欣《チャン・シン》も、「これは中国人の感性にぴったりな建築よ」と太鼓判を押してくれました。

さらに《竹の家》は知名度が上がるチャンスがありました。二〇〇八年の北京オリンピック開催時がそうでした。北京オリンピックの総合ディレクターで、映画監督の張芸謀が《竹の家》を気に入り、《竹の家》で北京オリンピックのための映像を撮影したのです。中国中央電視台CCTVが毎日、中国全土にこの映像を放映しました。オリンピックの開会式でも、この映像が大スクリーンに映し出されたので、《竹の家》は中国人の目に焼き付いたようです。

そういうわけで、北京から遠く離れた地方に至るまで、僕が中国で数多くの仕事を頼まれるようになった事の発端は、あの設計を一〇〇万円で引き受けたことなんです。あの時、「一〇〇万円では、無理です」と断っていたら、建築家としての僕は、中国でこんなに活躍できなかったでしょう。中国で今の僕が仕事できるのは、あの時、大胆に竹を使うことに決めて、中国の現場の人たちと一緒に仕事できたからです。［▼29］

このように隈研吾が一九九〇年代後半に日本の地方でつくった建築は、少し意識的に、しかしほとんど「予想外」に、海外から高い評価を得ることになった。そして、これを契機として、隈は世界中の何人かと同じように、国際設計コンペを競い合い、国内外のプロジェクトを実現する建築家の仲間入りを果たしていくのである。しかしそれと同時に、あの時、決断したように、お金儲けを目的としない対象を「これは面白い」とする隈の思考によって、伝統が生きていくというプロジェクトはもちろん継続中である。

国際設計コンペ勝利の快挙

二〇〇七年一〇月号の『新建築』は、フランスの《ブザンソン芸術文化センター》の国際設計コンペと《ハンガリー中央官庁》の国際設計コンペで、ともに、隈研吾建築都市設計事務所が最優秀案に輝いたという記事を掲載した。国際コンペの勝利案が二つ同時に、日本の建築雑誌の紙面を華々しく飾り、建築学生の間では、隈研吾が大変な話題を集めた。「建築家の世代交代が進んだ」と彼らは思わず口走り、この最優秀案は、大学の休み時間の話題を独占していた。また将来、隈事務所に就職するという目標を定め、建築学科の設計課題に取り組む学生も現れた。

隈事務所の所員数も急に増え始めた。一九九〇年代は一〇数名程度であったが、二〇一〇年代には、二〇〇名を超える大所帯となった。東京のほかに、パリと北京と上海にそれぞれ事務所を構え、建築家の個人事務所としては国内で最大規模である。全所員のうち半数を占める一〇〇名程は外国籍の所員であり、各事務所内はさまざまな言語が飛び交い、明るく活気に満ちている。このように事務所の規模が大きくなったのは、二〇〇〇年前後に、これまでに述べたように思いがけない出来事が重なったからであり、それによって、海外からいろいろな声がかかるようになったからである。例えば、施工中の海外の現場に行くだけではなく、コンペに参加したり、会議に招聘されたり、海外の大学で講義を行ったり、と隈の仕事の五〇パーセント以上が海外プロジェクトという状況となったのは二〇〇〇年代後半のことである。

なかでも国際設計コンペで勝利を収めることは、世界の第一線で活躍する建築家となるための登竜門であると言えるだろう。しかしながら、国際設計コンペに参戦し始めた頃、つまり二〇〇〇年代前半は、隈は苦戦を強いられていた。目先の変わった派手な形態はコンペで当選する確率が高かったが、しかし一方で、隈による建築表現は、それとは異なったことも要因の一つであろう。

一九九〇年代に地方の建築をつくるなかで、隈はいくつかの表現手段を獲得した。その一つは、それぞれの場所で、互いに信頼関係を築き、地域材を積極的に活用することである。また一つは、建築物が自然環境と一体化していくように「建築を消す」というアプローチである。「建築を消す」というのは、建築物とその周りの環境との境界を消すという意味である。例えば、瀬戸内海の大島にある《亀老山《きろうさん》展望台》（一九九四年）は、山にスリットを入れ、地中の展望台に入っていく順路となっている。展望台は周囲の環境のなかからオブジェクトとして突出するものだが、《亀老山展望台》では、逆に展望台として機能する建築物を地中に埋め込み、周囲の環境に溶け込ませている。
そこで考えてみるとすぐに思い至るように、自然素材を用いて自然環境との境界を消し、建築物がほとんど埋まっている状態であることは、コンペの主催者側の多くが期待するような、わかりやすい形で来館者を増やしたり、建築物を観光名所化して都市を活気づけるといった要望とは同じ方向に向かっていない。むしろ矛盾している。そうした理由もあるのだろう。国際設計コンペで、毎回、創意工夫を凝らしたが、なかなか一等当選しなかった。せっかくの努力が無駄になることも多く、経営的にもかなりの負担額になった。隈事務所内で話し合いを進めるなかで、こうした「建築を消すというアプローチでは、国際コンペで永遠に勝てないのではないか」という悲観的な意見も上がった。隈は正直にこう言った。

「埋める」ことは僕が一貫して興味を持つことですが、海外のコンペになると、それだけではなかなか勝てないですね。いい線まで達するのですが、勝つことは難しい。ハーグの《国際刑事裁判所》案も、ワルシャワの《ユダヤ美術館》案も、基本的に埋めています。フランスの《ブザンソン芸術文化センター》も屋上を緑化しているし、「埋める」という気持ちが残っていることが自分でもよくわかります。これを乗り越えなければならない、とその頃から事務所のなかで議論を始めています。［▼30］

二〇一〇年代になると、のちに触れるように、選択肢が増えていくなかで、建築を「埋める」ことは別の方向へ移行している。ひとまず、「埋める」という気持ちになって、二〇〇七年に国際設計コンペで初勝利した《ブザンソン芸術文化センター》の勝因を明らかにしよう。

《ブザンソン芸術文化センター》は、川沿いにある古いレンガ倉庫を保存し、その倉庫を美術館

Fig.29 《ブザンソン芸術文化センター》 国際コンペのための内観写真

Fig.30 丘の上から見下ろした景観パース

に改装して、音楽ホールと音楽学校を新しく付け加えた文化施設である。大きな屋根で、それらの機能をゆるやかにつないでいる。大きな屋根は、植物と太陽光パネルがモザイク状に配置され、なめらかなカーブを描いている。異なる機能を持つヴォリュームが周りを囲み、中心となる空間は大きな孔をくり抜いている。

「埋める」だけではなく、印象的な空間をつくることも同じく重要です。例えば、《ブザンソン芸術文化センター》では、大きな孔の空間がそれです。さらにもう一歩進めると、対岸から眺めたときに、あるいは、丘の上から見下ろしたときに、建物の完成後の川沿いの景観が魅力的な空間として立ち上がることが重要になります。

立ち上がることは、「建築を消す」ことの反対にあるわけですが、「建築を消す」だけではなく、消えた後の立ち上がり方も同じくデザインしなければなりません。[▼31]

隈は、一つ目に「埋める」という操作のなかで見せ場となる空間をつくる必要性を唱え、二つ目に「消えた後の立ち上がり方」という方法論を提示している。

ここでは特に、一つ目の「印象的な空間をつくる」ことに触れておこう。《ブザンソン芸術文化センター》では、大きな孔の空間はパブリックスペースとして、訪問者が友達と待ち合わせたり、音楽学校の生徒たちがレッスンに利用したりするのだが、「印象的な空間をつくる」という意味では、森のなかで〝木漏れ日〟が差す空間を表現している。植物で覆われた屋根を通り抜け、やわらかな光が木の梁の間から漏れ出し、大きな孔を満たしている。この大きな孔の内観模型写真が、コンペ勝利の決定打となったと隈事務所の所員たちは確信している。この内観模型写真は、モザイク状の屋根から降り注ぐ光が反射し合い、ガラス面を鏡面として映り込み、格子状のスクリーンと交錯しながら、万華鏡のような世界に誘う、光の表現を巧妙に組み入れたものであった。目的以上に、期待感を抱かせるショットが決まっている。

また、この〝木漏れ日〟という言葉を、英語にもフランス語にも訳さず、「KOMOREBI Effect」として隈が市民とコンペ主催者に説明したことは、このプロジェクトの面白さとなっている。

こうした国際コンペをめぐる勝敗では、初めのうちは苦労が絶えなかったようだ。しかし、光の表現を手に入れて、国際設計コンペで初の勝利を獲得した。

第5章

汎コンクリートから場所・素材・技術へ

1　作品主義への懐疑

隈はなぜ本を書くのか

ところで、隈研吾は、しばしば原稿執筆を依頼される建築家である。隈に限らず、建築家の著作物が刊行されることは珍しくないわけだが、しかし、難解な文章になることも多々あり、分業化が進んでいく社会のなかでは閉鎖的な状況である。それに比べると、隈の著作は、『自然な建築』や『小さな建築』などに示されているように、建築の関係者以外も読者の対象として、誰にでもわかりやすい文章で、平易な言葉で構成されている。これは大勢の建築家の態度であるとは言いがたいが、隈にとっては、文章を書くという行為にどのような意図があるのだろうか。

建築家というのは、いろいろな人とコミュニケーションを取らなければならない職業だと思っているからです。ここで言う〝いろいろな人〟というのは、まず、実際につくる人とはストレートに言い合える関係をつくらなければならないし、クライアントともそうだし、近隣の人ともそうだし、コミュニティの人ともそうです。建築家は、さまざまな形で、コミュニケーションを取らなければならない。その意味で、本を書くことで自分が考えていることを日頃から伝えるのは大事なことです。[▼1]

この考えによれば、コミュニケーションを取らなければならない対象は「現場」である。対象を限定することなく、本を書くのは、未来の「現場」のためである。それを指し示すように、隈は並外れて現場を優先する。例えば、中国の《竹の家》の場合、結果として大成功を収めたのだが、結果を出すために必要な過程において、現場の精度が低いとしても、現場の技術力が弱いとしても、現場を起点にすることであった。不揃いな竹が集められ、竹に耐久性をつけるための油抜きのやり方を隈が教えたところ、逆に現場から提案され、それらの不揃いな竹がさらに油で煮染めた色となったが、中国の現場らしい持ち味が出た。

大体、僕のやり方はそうです。だから建築は、基本的に、やり直しできることが大事です。「やってみるか。失敗したら、またやったらいい」という思いで、海外で仕事しています。このやり方だから、現地の人間とコミュニケーションできるし、海外でも一緒に仲良く仕事ができるのです。もし「きみたちは日本流のやり方を勉強しろ」と上から目線で僕が言ったら、絶対に向こうはついてきてくれません。現地からの提案は少し気になることもありますが、日本でやったことがないからと言ってそれを却下すると、相手はすっかり気持ちがめげ

てしまいます。［▼2］

隈は、一九九二年頃から地方の約一〇年間の仕事のなかで、このやり方を生身の体で経験した。地元の人にとって、新しく建つ建築物は「よそ者」であり、「新参者」であるため、違和感を覚える人が少なくない。しかし、その場所に存在しているし、多数の人が利用する。したがって、その建築物をわかりやすく説明することは、建築家の社会的役割であると隈は考えている。

しかし、それは容易なことではない。

例えば、どんな不便な場所から頼まれても、交通手段が乏しくても、自分からそこへ出かけていく。英語であろうが、フランス語、中国語であろうが、会話を広げ、現地の人たちと対話する。コストとスケジュールの打ち合わせのみならず、地元の職人とひざを突き合わせ、直接やり取りする。近隣住民からの諸々の要望に気さくに応じる。人一倍苦労するわけだが、なぜ、これほど「建築家というのは、いろいろな人とコミュニケーションを取らなければならない職業だ」と断言するのだろうか。

工業化を推進し、高度経済成長を遂げた時代ではなく、逆にそれによる社会問題や環境問題が顕在化した一九七〇年代の変曲点に、隈は建築家を志望した。建築家として、その後者の反省の時代を建築で表現することに、隈は極めて意識的だからなのである。

自伝的著書『僕の場所』では、こう語っている。

一九六四年の東京オリンピックと一九七〇年の大阪万博を、日本の高度成長期の二大イベントという言い方をする人がいますが、この二つはまったく違う時代、まったく対照的な空気に属していました。二つのイベントの間に、何かが決定的に変わったのです。［▼3］

この本は、《新国立競技場》の設計者として隈研吾チームが選ばれるよりも一年半ほど前に刊行されている。さらに詳しく隈に話を聞いた。

大阪万博へのしらけ

僕は、自分自身が高度経済成長に対して、「わあ、すげえなあ」と熱狂しました。一九六四年の小学校四年生のとき、《国立代々木競技場》ができ上がり、東京オリンピックが開催され、高速道路が開通して、家のそばを新幹線が走り、それらのコンクリートの構造物に、僕はある種、興奮しました。

でも、中学校に入学した頃から変わり始めました。ちょうど僕が中学生の頃に、水俣病などの公害問題が深刻化しました。工業と資本が一体となった高度経済成長的なものが自然環境を破壊するという空気を感じて、「あの熱狂は何だったんだろう？」と疑問を抱き、自分の中で、成長・拡大に対する興奮が冷めたんです。

小学生の頃は、丹下健三や黒川紀章による建築物を見学して、すごいと感じていたけれど、中学生の頃に、急に熱から冷めた気持ちになりました。最も象徴的な事件は、一九七〇年の大阪万博の開催です。僕は高校一年生でしたが、もう自分の中では夢から醒めている、ひねくれた極致の気持ちでした。黒川紀章の建物に多少関心を持ち、大阪万博の会場を訪れましたが、黒川紀章は、自著の中ではアジア独特の原理を考えるという自然環境への視座も提示していたけれど、大阪万博の彼の建物は、鉄のお化けみたいなものでした。環境もクソもない、まるで高度経済成長を推し進めるように極端に戯画化したものでした。だから、「なんだ？　この人？」と感じたし、がっかりしました。

このように、一九六四年と一九七〇年との間で、自分自身の興奮が冷めていくスピードは物凄く速かったんです。一九六四年に建築家になりたいと望んだけれど、それから建築に対してどんどん冷たい視線になっていくなかで、しかし、それでも僕は建築をやめたいとは思わなかった。建築をやめて、例えば文学でもやるか、とはなりませんでした。

逆に、「そういう時代の建築があるはずだ」と思い続けていたことが、今の僕をつくってくれましたね。［▼4］

この「そういう時代」というのは、経済合理主義に基づいてシステムとして構築される世界によって受けた、ダメージの時代である。それをむしろ成熟した市民社会の時代として建築で表現することが隈の目的である。それゆえ隈は、一九六〇年代の高度経済成長を代表するコンクリートなどの材料を使うことは抑えるし、大量生産される工業製品の均一さの代わりに、竹、木、土、石などの自然素材を多彩に取り扱う。

その分岐点となった一九七〇年の大阪万博をもう一度振り返ってみよう。

一九七〇年に「人類の進歩と調和」をテーマとする大阪万博が開催され、総入場者数は六四〇〇万人を超えた。大変な盛り上がりを見せ、例えば、アメリカ館には、アポロ一二号が月面着陸から持ち帰った「月の石」が展示され、長蛇の列ができた。

しかし、隈にとって、大阪万博は、行列が長すぎて退屈でつまらなかったし、たかが「月の石」を見るために、炎天下で長時間待つ気持ちにはとてもなれなかったという。隈は高校一年生であった。一九六四年の東京オリンピックで、丹下健三が設計した《国立代々木競技場》は父親と見学したが、一九七〇年の大阪万博は、夏休みに友人と連れだって行った。「人類の進歩と調和」は大阪万博のテーマであったが、まさにこの「進歩と調和」という言葉に矛盾を感じ、とりわけ「調和」のなかに、建築に落とされたグレーの影を発見したという隈は早熟な建築少年である。

隈によれば、「「大阪万博って、イケイケの時代でしょ」とも語られますが、全然そういう雰囲気はなかった」と言う。「丹下健三の設計したお祭り広場は、スチールのフレームは武骨で粗っぽいし、その大屋根を突き抜けた岡本太郎の太陽の塔も、形が主張しすぎてちょっと違うなと感じました。あの美しい代々木体育館を設計した人が、なぜこんなことになってしまったのか、まったくわかりませんでした」[▼5]と『僕の場所』で語っている。隈はこう付け加えた。

大阪万博のなかで、ほとんどの建物に嫌悪感を持ったけれど、スイス館の建物は、敷地を広場として開放し、アルミの大きな木が立っているだけで、広場にその木の影が落ち、気持ち良い場所でした。幼稚なお国自慢をするパヴィリオンとは全然違うものを感じました。感激したもう一つは、建物ではなく、フランス館のカフェのトレーです。このカフェのトレーは、お盆の上に皿を置くのではなく、トレー自体が両方の役割を果たしていました。巧みに凹凸をつけて、皿とお盆をインテグレートした立体的造形物です。ナイフやフォークのデザインもトータルにコーディネートしているし、「こういうことをやりたいな」と目にとまったことを覚えています。[▼6]

大勢の人が気づくことはなかったが、しかし、この小さな広場と小さな食器は、美しいだけではなく、建築に対する鋭い批判が込められた、一九六四年と一九七〇年との空気の違いを示す「反建築」であった。そこに隈は可能性を感じたし、それが隈を建築につなぎとめたのである。

吉田健一『ヨオロッパの世紀末』を読む

しかし、どうして、興奮が冷めた次の時代の雰囲気をいち早く感じ取ったのだろうか。一つの鍵は、「黙想の家」の経験にある。

隈の母校である栄光学園の学習指導に、「黙想の家」における三日間の修行があった。第2章で触れたように、この黙想は必修の授業ではなく、希望する者だけが参加できる特別な修行だった。その特別な修行に参加したのは、隈が高校一年生の一五歳の春のことである。上石神井のイエズス会の修道院が「黙想」の会場、つまり「黙想の家」である。「これから三日間、君達は一切、口を開いてはいけません。一言も、いけません」と大木神父の静かな声が響き渡る。その三日間、一〇名ほどの栄光生は全員、沈黙したまま、朝と晩に大木神父の説教を聞いた。午後に自由時間があった。

重たい三日間が過ぎて、高い塀の向こう側の日常に戻ると、自分が生まれ変わったように感じました。同じ体のはずなのに、違う自分がここにいると感じました。

生まれ変わった理由はもう一つあります。この三日のあいだ、小さなグレーの寒い部屋に戻ると、僕は一冊の本を読みふけっていました。吉田健一の『ヨオロッパの世紀末』（一九七〇年）です。

Fig.31　隈が通った旧校舎　栄光学園中学高等学校

それまで吉田健一という作家は知らなかったのですが、たまたま新聞の文芸時評で、丸谷才一が激賞しているのを見て、あの高い塀の中の小さな部屋に持ち込みました。乗り換えの渋谷の本屋で手に入れました。［▼7］

上石神井の「黙想の家」に向かうために電車を乗り継ぎ、その「乗り換えの渋谷の本屋で手に入れました」というのが隈らしい。言い換えると、隈の類い稀なバランス感覚の良さを示したトピックであるが、ともあれ、どのように「自分が生まれ変わった」と感じたのだろうか。

僕自身は一九六四年をピークとして、成長・拡大路線の夢から醒め続けているわけです。そんな気持ちのなかで、高校一年生の春に、吉田健一の『ヨオロッパの世紀末』という本を読みました。「これは、自分の生涯を変えた本だ」というほど衝撃的でした。
『ヨオロッパの世紀末』で吉田健一は、近代の成長・拡大の時代に対するアンチテーゼとしての世紀末という姿を提示しました。つまり、世紀末は、産業革命に疲労困憊したヨーロッパが抱えた頽廃的な時代ではなく、逆に、成長・拡大の時代がある種の病的な時代なのだと示したのです。

「そうか！　僕の考えていることは、こういうことなんだ」と思いました。〔▼8〕

吉田健一は、一九五一年にサンフランシスコ講和条約・日米安全保障条約に調印し、戦後の国際関係において、日本の路線を方向づけたワンマン宰相・吉田茂の長男である。しかし、父親と同じ政治の道を歩むことなく、吉田はイギリス文学の翻訳を数多く行い、父親との思い出を語ることもほとんどなかったという。「一般には、偉大な父と、父の跡も継がず、文学に遊んだ息子ということになりますが、丸谷はその図式を逆転します。息子の偉大な業績と比べて、父は単にその地ならしをしただけの、息子に従属する存在というわけです。文化と政治、経済の関係が再定義されて、うれしくなりました」〔▼9〕と隈は述べている。

産業革命の進展にともない、一九世紀末のイギリスと言えば、経済的な停滞から、将来に対する悲観的な見方が社会に蔓延し、いかにも否定的なイメージで受け取られる時代である。しかし、吉田健一の『ヨオロッパの世紀末』は、こうしたイメージと真っ正面から対決する。隈は「一九世紀末こそが最も、繊細で、優雅な時代であり、人間という存在の限界をわきまえた、精神活動のピークであったというのが、『ヨオロッパの世紀末』のスリリングな結論です」〔▼10〕とまとめた。

吉田の結論は、感情移入するのに時間のかかる人がいるかもしれない。一九七〇年の大阪万博では最新の科学技術がもたらす未来像に胸が高鳴る人は多かったというから、これからも成長が続くと信じて疑わない人が大勢だとしても不思議ではない。しかし、それはまさしく、高度経済成長が終焉を迎えていた時期のことだった。隈が、その時代の変曲点に思い至り、いち早く夢から醒めることができたのは、一切口を開かず、三日間を生きるという黙想体験をするなかで、内的不安の高まりに対して機敏に動くことができたからであろう。そこに吉田の重要な結論が心の深くに入り込んだのである。

反省の時代

吉田健一の文学は、経済成長以降の時代を成熟の時代として、人はどう生きていくべきかを指し示すものであった。経済合理主義としてシステムを構築することは、観念によって現実を統御しようとすることである。それは現実を効率よく組織化するには格好の手段だが、しかし、人間が生きることへの選択肢がない。

この観念的思考法を、吉田は徹底的に批判する。『ヨオロッパの世紀末』では、こう述べている。

そこに一つの観念に奉仕すること、従ってまた、観念で政治をすることの限界があって、その観念が普遍的であることはそれがどのような観念であっても、その凡てを含み、またその根源でもある人間の観念の複雑を置き換えるに至らなくて、その観念が神や仏である時にはそこに信仰の劇が約束されていても、そうでなくて一つの観念が普及し、確認されることは人間の条件の一つが一般に受け入れられたということに止り、人間の劇が始るのはその後、あるいはそれと無関係にである。［▼11］

吉田にとって、近代の成長・拡大とは、観念によってのみ人間が生きるという観念優先型社会であった。しかし、現実は、「観念」というレッテルを貼って往来を闊歩しているわけではない。「観念」というレッテルを人間が用意して、ぺたぺたと現実に貼り付けているだけなのだ。経済成長を遂げたという興奮から冷めた人の生身の姿が、ここに端的に示されている。それは修道院の小さな一室でじっと口を閉じ、黙想のなかで隈が感じ取ったものである。「ヨーロッパにおける世紀末こそが、日本が体験する成熟時代のお手本だと、吉田健一は喝破したわけです」［▼12］と隈は説明した。これからの建築は、成長・拡大路線が引き起こした社会問題や自然環境問題に向き合い、自然環境に与える負荷を軽減し、なおそれでも成立する建築である。システムが崩れた時間を、多種多様な目的を持つ豊穣な時間として建築で表現することである。

一九七〇年に「大阪万博」が開催された当時、隈によれば、「水俣病とかいろいろな社会問題が顕在化し、大阪万博とは反省の時代の始まりみたいな感じがありました。高校生は特にそういう問題に敏感なので、これからは違う時代が来るという意識は強かった」［▼13］という。高校生が将来の社会で活躍したいと望むのは当然である。ましてや自分が活躍しているはずの社会の経済が低迷し、沈滞ムードが漂っているかもしれないと将来に不安を感じるなら、何が自分にできるのかと徹底的に考え抜く。

修道院の小さな一室で、自分の頭の中に生じた突然の変化に当惑したかもしれない。しかし、吉田の定義によるならば、隈がもうこれ以上、躊躇する必要はなかった。吉田は『ヨオロッパの世紀末』のなかで、「自分たちだけが人間で自分たちの世界の外に住んでいるのが化けものか人間以下の人間であると見ることが自分もどこの人間でもなくし、その人間の観念自体を怪しくする」[▼14]と考察した。

その意味で、反省の時代が訪れ、公害問題や社会問題が現前化し、建築が環境に反した人工物として認識されるなかで、それから目を背けず、隈はそれを注視している。見て見ぬふりをできないのは、さらには栄光学園の中高一貫教育からの影響があるのかもしれない。隈が了解しているように、栄光学園の教育理念は、社会に奉仕するエリートとして社会的弱者のために有為な人材になることであり、キリスト教的倫理観に基づく受容的な理念である。じわじわと栄光らしさが影響を与えてくると言う卒業生たちが多い。多感な時期の中高一貫教育は、社会に対する問題意識を培うための土壌となっているようだ。

一九七〇年の春に「黙想の家」を体験したことは、隈の建築活動を予感させる画期的な出来事であった。つまり、同じ年の夏に訪れた大阪万博では、すでに隈は目覚めていたのである。

高校生の頃、隈研吾は吉田健一の文体をそっくり真似できるほどだったと言う。少年期に抱いた思いが、建築家にとっては理論以上のことなのかもしれない。

建築史家・鈴木博之というもう一人の師

「高校一年生の時、吉田健一の『ヨオロッパの世紀末』を読んだことで、ある意味では、僕は道が見えたような気がしていました。しかし、ですね」[▼15]と隈は話し始めた。

隈研吾は一九七五年に東京大学工学部建築学科に進学した。

東大に入学し、二年間の教養課程を修了し、本郷の建築学科に進むと、建築学科の周りの連中は、ル・コルビュジエとミース・ファン・デル・ローエが二大巨匠だと

Fig.32　2階建ての新校舎　栄光学園中学高等学校

Fig.33　隈が設計監修した新校舎（2017）

言い張って、コンクリートのル・コルビュジエと鉄のミースのどちらが好きかと頻繁に議論していました。例えば、ル・コルビュジエとミースの作品を詳細に分析して、この比例が良いやら、このディテールが美しいやらを主張している同級生も大勢いました。

しかし、僕にはその意味がまったく理解できませんでした。プロポーションの美しさを論じるよりも前に、工業化社会という夢多き時代のチャンピオンであった彼らは、僕には退屈な建築家だったからです。僕が否定しようとする対象に同級生たちが熱狂し、ル・コルビュジエとミースの二人だけをマニア的に掘り下げていたのです。僕らは違う時代を生きているはずなのに、なんでいまさらル・コルビュジエとミースなのか理解不能でした。周りの連中がそうだから、変な世界だと違和感を覚えました。[▼16]

それから三〇年ほど経った西暦二〇〇〇年代の日本の建築教育のなかでも相変わらず、ル・コルビュジエとミースの二大巨匠から学ぶという教育方針は十分健在であったことを考えると、隈のこの姿勢は極めて先駆的である。

つづきを隈に訊いてみよう。「当時の東大建築学科では、二大巨匠に重点を置かないという隈のような学生は少数派だったか?」という問いに、隈はこう応えた。

少数派だったと思います。さらに、僕の高校時代から大学時代にかけてのアイドルは、吉田健一でしたからね。

その時期に僕の救いになったのは、鈴木博之先生です。吉田健一の『ヨオロッパの世紀末』から、イギリスの世紀末は文学もアートも面白いと読んでいたので、イギリスの世紀末に僕は興味がありました。しかし、建築学科の先生のなかで、そんなことに興味を抱く先生は、鈴木先生以外に見当たりません。建築学科では同級生のみならず先生方も含めて、ル・コルビュジエとミースの話ばかりでした。「世紀末の文化は洗練されているのに、なぜ建築学科では、ル・コルビュジエとミースのことしか話さないのか」と疑問を感じていた時期に、鈴木先生に出会い、教わったことは非常に幸運でした。

今でもよく覚えているのは、鈴木先生の授業の中で、学生の僕らが試験の代わりに論文を提出したことです。僕は吉田健一風の文体で、『ヨオロッパの世紀末』的な論旨、つまり高度経済成長批判という論文を提出しました。吉田健一風の文体というのは、句読点の読点が長々と続いて、なかなか句点にならない文章です。読み返すと恥ずかしいのですが、その頃の僕は吉田健一に憧れていたので、そんな文章を書いて、鈴木先生に論文を提出しました。「そんな文章を読んでくれるかな？　どう評価されるかな？」と、すごく不安でしたが、しかし、鈴木先生は僕の論文を極めて高く評価してくれました。「僕は建築をやろうとしているけれど、それは間違いではない」と思いましたね。鈴木先生のおかげです。[▼17]

吉田健一の『ヨオロッパの世紀末』に通じる内容を唯一知ることができたのは、鈴木博之の講義だけであり、隈は救われる気持ちになったと言う。隈が東京大学工学部建築学科に進学した時期は、ちょうど鈴木がイギリスから帰国した直後である。帰国して、最初に担当したのが隈の学年だった。そこで、一九世紀末のイギリス建築について、例えば、アーツ・アンド・クラフツ運動などを鈴木は東大生に熱く語った。

僕が幸運だったのは、鈴木先生がイギリスから日本に帰ってきた最初の年に、授業を受けたことです。僕よりも一つ上の学年は教わらなかったわけですからね。

鈴木先生は一九四五年生まれで、僕よりも九歳年上ですが、彼がなぜイギリスに留学したかと言えば、東大の学生運動の闘士だったからでもあります。僕より九歳年上という世代は、学生運動が一番盛んな時期に大学生だったという世代です。例えば、東大の建築史の村松貞次郎先生は、少し上の世代の建築史の教授ですが、鈴木先生から激しい抗議を受けたそうです。村松先生は酒を飲むと、「やっぱり俺は鈴木のことを許せないな」と冗談半分に話すこともありました。

そういうわけで、鈴木博之先生は学生運動の闘士として、なかなか日本にいることが難しくなり、二年間イギリスに留学しました。つまり、日本の状況に対して、鈴木先生自身にいろんな熱い思いがあった時期に、僕は直接話を聞くことができたわけです。その意味で、鈴木先生に出会えたことは貴重でした。

それは、鈴木先生が「建築は兵士ではない」（『都市住宅』一九七四年三月号）という論文を書いた頃です。［▼18］

鈴木博之は「建築は兵士ではない」のなかで、こう述べている。


建物は兵士ではない。死んでもすぐに補充されて、戦線には何も異常なしと片づけられてしまう兵士ではない。

町は人が暮らしてゆくための場所なのであって、建物は人びとの暮らしのために建てられるものなのだから、用済みになった建物がまったく無造作に壊されてしまうというこの現実は、われわれの暮らしが無造作に変えられてゆきつつあることなのだ。それは進歩というものなのであって、何も心配することはない、と言われつづけてわれわれはここまで来てしまった。われわれは心配してよい。［▼19］

ここで鈴木が「兵士」と言うのは、市場経済システムが機能的であることによって、「人が一日の生活を充実して生きる」ことが排除されるという隠喩である。現実を観念によって制御することは、それだけ人間の生活を均質化した。それを何も心配することはないのだろうか。人間は観念に奉仕することを強いられるのではなく、それぞれの一日の生活を充実して生きることを尊重しなければならないのではないか。逆に言えば、日常生活を機械化するのではなく、古くからの建築物や地元の町に愛着を持ち、人間らしく生きることは、右肩上がりの時代ではないからこそ可能なのであり、そこに個性豊かな生活が現れる、と吉田健一、鈴木博之、そして隈研吾は言うのである。

何を基準に取るかによって、「進歩」は即「退歩」になる。労働力が商品となって市場に流通する時代は、封建時代のギルド職人と比べて、進歩したのだろうか。労働者は、災害に見舞われたり、病気になったりすれば、その日から雇用の心配をしなければならない。代替労働力はいくらでもある。職人がつくり出す水車は、「高度な科学技術の結晶」である原子力発電所よりも、はるかに精巧に動き、安全ではないだろうか。現代の労働者は、危険な職場で、到底制御できない高エネルギーを相手に仕事しなければならない。そこでは一瞬の油断がすべてを台無しにしてしまう。本人の生命も、家族の生活も、子供の幸福さえもである。およそありとあらゆる生きる価値が消滅してしまう。

「建築を美しいイメージで語ることによって、建築家たちは実は新しさだけを求めてきたのではなかったろうか。われわれは建築を概念の産物として捉えすぎていなかっただろうか。もっとわれわれは、自らの実感に即して建築を見直すべきではないだろうか」[▼20]と鈴木は注意を喚起している。鈴木が疑問を投げかけることのなかに、吉田健一の『ヨオロッパの世紀末』と共通した近代的世界観に対する批判意識を読み取ることができる。

このことは『僕の場所』のなかで、次のように述べられている。

僕は吉田健一から「近代＝モダン」というものを教え込まれました。一言でいえば、それは「たそがれとしての近代」です。[▼21]

「たそがれ」の時代の基本は、人間という存在の限界、その弱さに対する冷静な認識です。冷静であると同時に、あきらめです。「新しい世界」を作れるほどには、この生物は強くないという認識です。

その諦念の上で、制約の多い、限定だらけの世界を豊かに生きられるか。あきらめの境地の上に、優雅で軽やかで、透明で、しかも批評的な精神に溢れた「近代」の文化が花開いたわけです。[▼22]

地理的フロンティアの消滅

その先の話を隈から聞いた。

イギリス留学で鈴木先生は一九世紀末建築を学びました。イギリスの一九世紀末建築というのは、反・産業革命を目指し、とりわけ中世という時代の良さを見直し、ヒューマンな時代を取り戻そうとしました。

とはいえ、鈴木先生のように、イギリスの世紀末建築を学んだ人は珍しい。東京大学の建築学科では、ル・コルビュジエやミースなどのモダニズム建築と、古代ギリシア・ローマ時代をはじめとする古典的な建築が建築教育の主流だったからです。ところが、鈴木先生は、その二つの間に挟まれた時代に力点を強く入れ、建築史を教えてくれました。日本に帰国した後、鈴木先生は東大の講師になり、僕らの学年を最初に教えました。当時、僕らから見ると、元気良く若い先生が来たという感じでした。[▼23]

こうしたイギリス世紀末建築になぜ関心を持つのかについて、「建築は兵士ではない」のなかで鈴木は、「一九世紀のアール・ヌーヴォー様式への根強い興味の存在、二〇世紀になってからのアール・デコとよばれる造型への目覚め、そして一九世紀英国のヴィクトリアン・ゴシックと呼ばれる多彩な様式趣味への注目、これらは多かれ少なかれ、われわれが近代建築史という名の「ウィッグ史観」に疑念を表明しはじめたことの表れである。過去を見つめる目、すなわち建築史は、常にわれわれの現実を見つめる目の投影である」[▼24]と理由を明かしている。

鈴木が「近代建築史という名の「ウィッグ史観」に疑念を表明しはじめた」と言及したように、「過去を見つめる目」は、従来は、科学の発展と歴史の進歩という観点から考察されるのが常識だった。例えば、今日の観点から見ると、アリストテレスの奴隷論やモンテスキューの封建的民主主義論は奇妙なものに見える。いわく、古代ギリシアは、科学が未発達だったから、神話が信じられたのだ。あるいは、歴史が未成熟だったので、普遍的な正義が確立されずに非人道的な奴隷制が存在したのだ。そして、科学が発達し、人間が進化を遂げた今日にあっては、このような荒唐無稽な信仰や、倫理が欠落した制度を人間が信じたり、支持したりすることはあり得ないと考える。

しかし、こうした観点は、多元的価値観から再検討されるようになった。一九七〇年代に、ミシェル・フーコーの歴史著作の登場は、この再検討の触媒となった。成功を収めた現在から逆算し、それと因果関係を持つ過去のピークのみをつなげて描く歴史では可視化できなかった歴史の断片がここに浮かび上がる。

さて、現代の建築はどうだろうか。

建築家の作品は、市場からより強力な制限を受け、商品として売られる時代である。自分のブランドを提示する建築家は、成長・拡大の路線に追随して、世界中のどんな場所にも建築物を置いている。「建築は兵士ではない」のなかで鈴木は、「自らの描く青写真の意義ばかり説く建築論をふりまわして、町に建つ先住民族の建物を邪魔者扱いにする建築家は、現代の都市の中でインディアン追払いに奔走している人種であろう」[▼25]と忠告した。資本主義社会において、かつては北の先進国が「中心」で、南の途上国が「周辺」であったが、しかし、今、さらなる地理的フロンティアは残っていない。二〇世紀末には資本の側は利潤を得る矛先を変えて、実体経済から金融経済に移行した。これから先、建築家の作品はどこに向かうのだろうか。

こうした資本主義の延命策に対して、隈は批判意識を持っている。鈴木が「すでに前もってそこに暮らすものたち――人びと、建物、木、川、道など――を深く理解することが、われわれを本当の建築に至らしめるであろう」[▼26]と述べたように、隈は、それぞれの場所に自らの経験を照らし、すでに前もってその場所に生きるものに目を向けるなかで、経済が停滞する状態のなかから、人間らしさを発見して、新しい建築物に対する愛着を生み出していく。

それを目に見える形とするとき、隈は「僕のデザインは、衣服的であり、音楽的でありたい」[▼27]と言う。この「衣服的」というのは、建築が商品的価値を高める表層を持つことではなく、人の身を守る衣服として存在している建築のことである。「音楽的」というのは、数量の計算のために次々と地面を更新していく建築ではなく、その場所の記憶を引き継ぐ「継承性」を持つ建築であることを意味している。「継承性」を持つか否かは相手に委ねられているのだから、「である」ではなく、「でありたい」と隈は言うのである。

2 「構法」から建築を考える

「構法」の二つの特徴

「鈴木博之、内田祥哉、原広司という先生を通して、自分というものが見つかったような気がします」〔▼28〕と隈は学生時代から現在に至るまでの時間の流れを整理した。第2章でも触れたように、隈は、東京大学で建築構法を研究する内田祥哉の下で大学卒業時までの指導を受け、大学院は原広司の研究室に所属し、アフリカの集落調査などを行った。

内田先生による構法の授業は、コンクリートと鉄に代わるいろいろな材料の話でした。例えば、木という材料は、コンクリートと鉄よりもはるかに利点が多い材料であるという話を、内田先生は子供みたいな好奇心を持って語ってくれたので、自分の救いになりました。その後、僕は大学院生として原先生の研究室に進むことに決めたのは、原先生のなかに内田研的なDNAが入っているからでした。それに加えて、原先生は、いわゆる工業化であるとか、近代の成長・拡大であるとかとは正反対に、集落調査からもわかるように、物にたいする愛情を持っていたからです。〔▼29〕

一九七〇年代は、戦後日本の経済成長・拡大路線にとっては大転換の時期であったが、その時期に隈は、内田祥哉が木造建築について教示したことを理解したり、原広司に同行して、アフリカで集落調査を行ったりするなかで、実際の物に即した考え方を身につけ、観念ではなく物自体の論理を探っていくという経験を積んだ。建築物は現実の世界に建ち上がる。ロマンス小説というわけにはいかない。

順を追って理解してみよう。隈の方法のなかでは、内田祥哉の「構法」が導きの糸となっている。「物質と場所をつなぐ」や、「構造も素材も物質も光もロジックを扱う」がそれに当たるわけだが、内田の考える「構法」に基づき、隈が新たに展開した内容を把握することは、隈建築を読み取りやすくするだろう。

内田からも、隈に大きな賛辞が送られている。最新のインタビュー集『建築家の年輪』(二〇一八年)のなかで内田は、「構法を理解するためには、設計の経験があった方がいいんです。これらは別々のものではない。最近のデザイナーでは、隈研吾君は構法のことがよくわかっていると思って感心して見ています」[▼30]と語っている。内田によれば、「構法というものは、皆さん、構造の一部のようであり、設計・計画の一部のようであり、と曖昧に位置づけておられる。また構造は鉄筋、鉄骨、木造とそれぞれ専門分野に分かれていますけれど、そもそも構法は、一つの建物をつくるとき、鉄筋コンクリートにするのが良いのか、鉄骨にするのが良いのか、あるいは木造かという、構造を決心するための学問」[▼31]であり、それが限建築から看取されるのだという。

しかし、逆に言えば、建築家は、鉄筋コンクリートであれ、鉄骨、木造であれ、どれでもつくることができて当然だということだから、建築家の技能としては、かなりハードルが高い。後年、このように内田は「構法」を定義しているが、内田の考える「構法」には二つの特徴がある。一つは、内田のビルディング・エレメント論からもわかるように、建築物を部材に分けて、科学的に分析することである。もう一つは、構法は、構造だけではなく、空間的な意味を持つことである。

内田祥哉は一九五八年に講師として東京大学に着任し、「建築学第一講座」を担当した。この「建築学第一講座」は「建築一般構造」と呼ばれ、建築物を具体的にどのようにつくるかを教える、いわば建築設計の一般教養を学ぶ講座であった。やがて「建築一般構造」は、「建築構法」という講義名になる。内田は『建築構法』(一九八一年)でこう述べている。

> 構法という語は、『不燃家屋の多量生産方式』(一九四五年、岸田日出刀著)にある「鉄骨乾式構法の研究と実施」が初出かといわれている。建築構法は、人体構造、社会構造などと同様「建築構造」というべきところであろうが、日本の建築界では、「建築構造」が「建築構造強度」、「建築構造力学」などの略として使われ、それが、建築界に定着したために、講義名としては「建築一般構造」と呼ばれることもあるが、最近は、「建築構法」が定着した。[▼32]

そこで、一つ目について考えてみると、内田は一九六〇年前後にビルディング・エレメント論から「建築構法」の研究を始めた。ビルディング・エレメント論というのは、天井、壁、床などの最小限の機能を持つエレメントに建築物を分解して、それらを部品として工業化し、再び組み立てるための研究である。工業化社会のなかで、建築の生産過程を考究することであり、プレハブ住宅の研究に展開した。プレハブの部品が流通するというフレキシブルさに内田は着目した。その代わりに、内田は、エレメントとして分節することが困難なコンクリートを退ける。隈は『負ける建築』の「デモクラシーの戦後／内田祥哉」のなかで、内田が「建築をぬめぬめと続く連続体として捉えずに、可能な限り独立したエレメントの集合体として捉えようと考えた。科学は独立したエレメントの発見からスタートする。しかし、モダニズムにおいては、コンクリートというあまりにも優秀な素材の発見が、建築をエレメントへと分節するベクトルを抑圧してしまった」[▼33]と論じている。

二つ目については、例えば、内田が著した『建築構法』という教科書の目次を見ると、柱梁構造や壁式構造などの「建築物の構造方式」を述べるよりも前の段階で、「建築物の構成」として、内部空間の「天井、壁、床、窓、出入口」というエレメントが定義されている。内田の考える「構法」は、建築構造力学的思考だけではなく、建築における空間の概念を持つことがわかる。内田は隈との対談のなかで、「日本の柱梁構造というのは、構造的には壁構造で、構法的には柱梁だということでしょう。そこがうまいところじゃないかな」［▼34］と話している。これは、強度的には壁構造を含む日本の木造建築は、壁厚の寸法が柱の寸法よりも小さいために、空間的には柱梁構造となることを意味している。これも同様に、構法は、空間的な意味を持つことを示唆している。

内田の構法には、こうした二つの特徴が挙げられるが、隈の《梼原町総合庁舎》（二〇〇六年）を構法のモデルとして、より具体的に検討しよう。

小さな単位を見つけること

高知県梼原町の《梼原町総合庁舎》は、梼原町の基幹産業である林業の活性化のために、梼原のスギを活用している。役場としての機能だけではなく、銀行、農協、商工会などの複合機能を担う施設である。とりわけ、この建物の中心に位置する大きなアトリウム空間は、飛行機の格納庫用の大型スライディングドアを開放すると、庁舎の外の広場と一体化して機能する。毎年、伝統的なパフォーマンスや各種イベントが開催されている。

この大きなアトリウム空間は一八メートルものスパンになるのだが、通常、それを木造とする場合、木の部材の断面が大きくなりすぎることで、威圧的な空間を感じてしまう。そこで、その代わりに、《梼原町総合庁舎》は、個別の小さなピースで構成している。柱は、四本からなる

Fig.34 《梼原町総合庁舎》 重ね梁と杉パネル

「組柱」として、梁は、二本の梁間に、束材にあたる木片ピースを挟み、格子に組み上げた「重ね梁」である。「重ね梁」や「組柱」といった小さなピースで組み立てることは、内田の「構法」に通じている。その第一の特徴で述べたように、建築をエレメントに分割したうえで、隈の場合、それぞれのエレメントをさらに小さなピースに分割して、寸法まで指定しているところがユニークだ。《梼原町総合庁舎》では、意匠と構造から検討した結果、「二〇〇ミリ角以下の寸法で木造を解く」と自らに課題を与えたと言う。

こうした隈の方法において重要なことは、素材と寸法の関係である。隈は『小さな建築』でこう述べている。

> まず考えなくてはいけないのは、自分が一人で取り扱うことのできる「小さな単位」を見つけることである。
>
> 「小さな建築」とは、実は「小さな単位」のことなのである。全体の小ささではなく、単位

の小ささである。単位が大きすぎたり、重すぎたりしたならば、小さい自分の非力な手には負えない。[▼35]

正面ファサードも同じく、エレメントが小さなピースとなっている。木製パネルとガラスをモザイク状に組み合わせ、ランダムに配置している。大きなアトリウム空間では、「重ね梁」と「組柱」と木製パネルとが調和の取れた関係を保っている。このように構造体を隠さず、正面ファサードと構造体が一体化し、空間的な意味を持つことは「構法」の第二の特徴である。

粒を揃えることの意味

次に、ディテールの考え方を隈に訊いた。

ディテールについて、精度で言えば、僕の建物の精度は、日本のゼネコンや建設会社の精度とそれほど変わらないと思います。例えば、ジョイントをどうするか、ハツリを取るか、それとも取らないかといったことは、それほど変わりません。僕の建物だけが特別に精度が高いというわけではありません。僕の場合、日本のゼネコンや建設会社が実現できる程度のことです。

けれども、僕が心がけているのは、〝粒感〟をキチッと揃えることです。〝粒感〟をキチッと揃えると、建物全体が気持ち良い粒の集合体に見えます。だから、粒感を調整することが最も重要なのです。

もし仮に、違った粒感のものを入れてしまうと、途端に、雑な仕事をしたように見えてしまいます。例えば、《サニーヒルズ》の場合、通常であれば、あの細かな木組みスクリーンを留めるには、外側にフレームを回したくなるわけです。外側のフレームを構造体として、そのフレームの内側に細かな木組みスクリーンを入れたくなります。しかし、そうすると、外側のフレームがごつい粒となり、目立ってしまいます。フレームとなるごつい粒と、フレームの内側の木組みスクリーンの繊細な粒とがケンカしてしまい、すごく雑な仕事に見えます。

そういうことがないように、《サニーヒルズ》では、外側のフレームを取り去り、繊細な粒だけを主役にしました。建物全体に繊細な粒だけが揃っているので、精度が高いと感じられるのです。［▼36］

この自然素材の粒とフレームの関係については、《サニーヒルズ》（二〇一三年）のように外側のフレームを取り去るという方法だけではなく、強烈な具象性を持つ自然素材に対して、それを「ピース・ユニット化することで、一種の抽象化操作」［▼37］をして、ギャップを表現する方法にも隈は挑戦している。

例えば、《梼原町総合庁舎》のファサードでは、木製パネルのスギ板を「粒」と考えると、そのフレームとして、アルミ製カーテン・ウォールなどに使う特殊なディテール、ストラクチャー・シールを適用している。この特殊なディテールで抽象化操作を行い、既視感ある木造建築とは異なった現代性を獲得している。また、《まちの駅「マルシェゆすはら」》の壁では、茅をブロック化している。この茅ブロックでは、自然素材の特長を伸ばすために、フレームとして極薄いスチールを採用し、茅とシャープなメタル系材料とを好対照に組み合わせている。

これらは、隈が独自に考案したディテールであるが、ひとまず、建築物を分析可能なものに分けるという科学的な視点を持つことを認識できたのは、内田の講義によってであった。原広司は、内田から教わったことで、「内田先生にさんざん言われたけれど、壁面にタイルを割り付ける時に、半端が出るなんて論外で、ちゃんと収まっていないといけない。つまり、始めから全体を考えて割りなさいと。そこでは、タイルは一つのパーツだけど、全体のデザインを決定するものになっている」[▼38]と話している。それは物の論理を追求する彼らに共通した認識であるのかもしれない。

隈研吾による建築物は、美しい仕上がりに定評がある。そのなかで、ここで明らかになったことは、一つは、粒を揃えることであり、もう一つは、その揃えられた粒が入るためのフレームをどうするかである。

今より害の少ない技術を用いる

内田祥哉は『建築構法』のなかで、「同じ構法でも、地域が異なれば、生産コストも違うし、出来上ったものの価値も異なる」し、「同じ構法でも、時代により価値が異なり、ある時代に高い価値を発揮していた構法も、時代が変わり社会情勢が変わると価値が衰える」[▼39]と構法を場所と時間に位置づけている。

また「構法の評価」について、内田は「すべての建築技術が文化に貢献してきたとはいいがたい。建築技術はしばしば公害をもたらすといわれるからであるが、ある建築技術が公害をもたらすかどうかは、その時点では明らかでない。それは、歴史の中での評価を待たねばならない」[▼40]として、「現代の技術者が出来ることは、歴史的経験の中で、問題とならなかった技術を利用するか、今より公害が少ないと思われる技術を開発し、利用することでしかない」[▼41]と述べている。例えば、《梼原町総合庁舎》では、屋根に太陽光発電パネルを載せ、地下にクールヒートチューブを導入し、建築物の環境負荷を軽減している。建築技術の可能性として内田が言及した「今より公害が少ないと思われる技術を開発し、利用する」ことに相当し、環境負荷を抑えるための技術開発であると言えるだろう。

梼原町は林業の町であるが、近年は風力発電や、杉チップを用いたバイオマス発電などの新しい環境施策に積極的に取り組んでいる。太陽光や風などの自然エネルギーを活用し、環境に対して建築を従属的関係に置くことは、低成長社会における建築のあり方を明示している。またそれは、隈の方法が展開していく要因でもある。

隈は、二〇〇一年から八年間、慶應義塾大学教授を務めるなかで、大学の同僚たちを《梼原町総合庁舎》のプロジェクトに招聘した。計画にあたっては、慶應義塾大学の二一世紀COEプログラム「サスティナブル生命建築」から各部門の専門家が関わることになった。

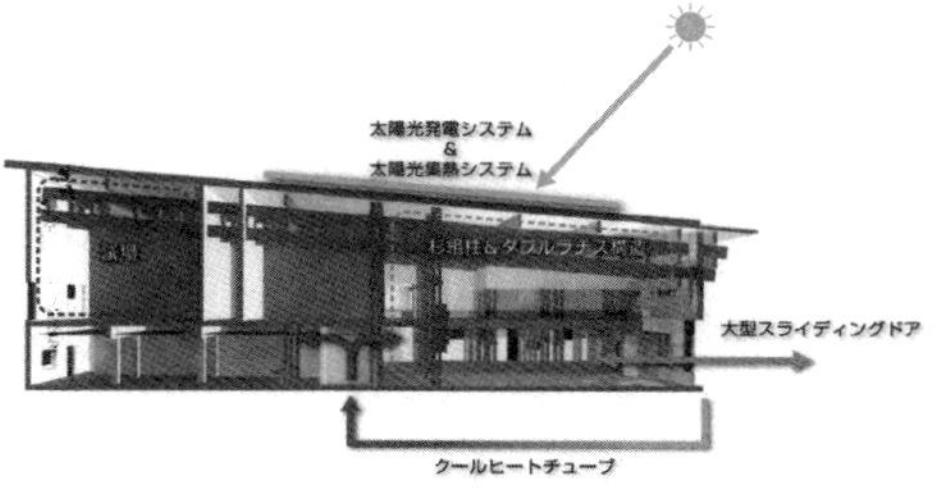

Fig.35 《梼原町総合庁舎》 空気が循環する断面模式図

慶應義塾大学の伊加賀俊治先生は建築環境工学の専門家ですので、僕からの発案で、《梼原町総合庁舎》の計画に参加してもらいました。伊加賀先生と慶應の関係者に僕から声をかけて、太陽光発電パネルの屋根の加工や、地下のクールチューブの導入などを行い、最先端の環境技術を採用したのです。地元の梼原の人たちもこれに賛成してくれました。

僕が教えていた慶應のシステムデザイン工学科は、環境と構造とデザインの先生が何か一緒にやるという雰囲気がありました。例えば、東大建築学科の場合、修論発表会は、環境分野に、デザイン系や歴史系の先生が出席することはありません。しかし、慶應の場合、全教員が学生全員の修論発表を聞くのです。

すると、環境系の学生に僕が質問したり、僕のデザインの話に構造系の先生が質問してくれたりといったやり取りがあって、僕にとってはすごく面白かった。

僕が目指していることに、技術者と建築家がひざを突き合わせ、アイデアを練ることがありますが、それを思いついたのは慶應で教えていた頃ですからね。［▼42］

この研究内容を具現化したものとして、《梼原町総合庁舎》は、屋根一体型の太陽光発電パネルを屋根に搭載した。このパネルは、国内最高クラスの発電量であり、庁舎の総電力容量の九〇パーセント以上を賄っている。

また、地中熱を活用して、壁面の外気取り入れ口から室内に入る空気は、地下のクールヒートチューブを経由することで、予熱・予冷した後に空調機に取り込み、省エネルギーの空調が行われている。これらの建築物における環境負荷削減は高く評価され、《梼原町総合庁舎》は、建物の環境性能を測る環境評価基準ＣＡＳＢＥＥ（建築環境総合性能評価システム）で最上位ランクの認定を受けた。

目指すはオープンシステムとしての構法

その反面、こういう変化もあった。

建築家のインタビュー集『現代の名匠』（二〇一四年）のなかで、内田祥哉が聞き手の鈴木博之に「建築家のプレハブに対する考え方は、大きな変わり様でした」と話している。

戦前はね、プレハブというと建築家の憧れの的でした。土浦亀城さんにしても、市浦健さんにしても、プレハブに憧れても、当時の技術では現実の社会でプレハブにはできないので、プレハブらしくつくることで我慢していたのです。

それが戦後になって、最初に前川國男さんの「プレモス」が実現して、建築家の憧れになります。ところが、プレハブ会社ができて商業生産をはじめたとたんに、それが建築家の敵だってことになったのです。もちろんプレハブの研究をしていた僕たちも、建築家を敵に回す覚悟が必要でした。［▼43］

日本における建築の部品化は、市民の手に建築を委ねることが想定された最初期とは異なり、興隆・安定期に至ると、均質化した工業製品が市場に大量流通することになった。戦後の復興期が過ぎて、高度経済成長期に入った一九六〇年代には、住宅部品を工場生産したうえで、現場で組み立てるプレハブ住宅の建設が本格化した。住宅メーカーが自由にハンドルを回し、建築物をパッケージングして、販売する時代が到来したのである。

その一方で、内田は、「僕の興味は最初から、オープンシステムにありました」［▼44］と自らの半生を語る著書『建築家の多様』（二〇一四年）で胸中を打ち明けている。

オープンシステムはメーカーの違う部品の交換ができるのです。積水ハウスは、積水ハウス以外に自分の部品を提供したり、販売していない。積水ハウスの部品を使って積水ハウス以外の建物を建てることが原則としてできない。だからクローズドシステムです。しかし、その中では部品を取り替えてさまざまなプランができます。そこで詳しく言えば、オープンシステムを内蔵したクローズドシステムということになります。［▼45］

個別に部品が流通するオープンシステムのフレキシブルさに、内田は関心を寄せる。

そういう意味では、隈一家の増改築はオープンシステムである。隈一家には、住宅メーカーによる新築一戸建てをローンで購入するという選択肢がなかった。『僕の場所』によれば、「もう少し家が裕福であったら、一度に大きな家に建て替えていたかもしれません。裕福ではない場合、住宅ローンという手がありました。しかし四〇歳で結婚した父には、始めから住宅ローンという途は閉ざされていました。住宅ローンで大きな家を新築するという途ですら、閉ざされていた」［▼46］という。父親が四五歳のときに生まれた隈が育った横浜・大倉山の辺りは、戦後二〇年ほど経て、都心で働くサラリーマンが移り住み、郊外住宅地が広がり、様変わりした。高速道路が開通し、新幹線が走り、旅客機が家族旅行を提供する。若夫婦が憧れのマイホームを手に入れ、一生かけてローン返済していく。

その時流に乗れず、取り残されてしまったと感じた当時と比べると、それから半世紀が経過した頃、隈は「この家が、洒落た数寄屋建築でもなく、柱や梁を新建材で隠した戦後の木造建築でもなく、一〇〇ミリ角前後の細い木材（小径木という）を組んでつくった、当たり前の戦前の木造であったということが、僕にとってラッキーであった」［▼47］と思うまでに至った。この木造平屋の増改築が建築家としての人生を逆に助けてくれたからである。「この家の増改築から僕が得たものは、計り知れません」と隈は語る。


家族四人で、戦前に建てられた木造平屋を手直ししながら、住んでいました。今で言うところのリノベーションです。手直し工事をする前に、両親と僕と妹と、母方の祖母が参加して、いつも家族会議を開きました。現在、僕が毎日行っている設計ミーティングと同じです。明治生まれの父親は頑固者で、他のことでは僕の言うことを全然聞いてくれません。しかし、増改築のための家族会議だけは、なぜか僕を含めて、全員の意見を聞いてくれました。「この間取りで、こんな仕上がりがいい」と互いに意見を出し合い、僕も図面を描きました。

なかでも、最高に冴えていると思ったのは、母方の祖母でした。母方の祖母は、もういい歳でしたが、部屋の出入り口のつけ方や、家具の置き方などの配置の考え方が面白かった。彼女から驚くほど新鮮なアイデアがたくさん出てきました。そして、最も優れた案に基づき、施工を始めます。ほとんどの施工は、父と僕の協働作業でした。

近所の建材店で、材料を仕入れました。例えば、天井を張り替える工事では、建材店で取り扱う、九〇〇×一八〇〇ミリの規格寸法で、孔あきのケイカル板を手に入れ、ビスで天井に固定しました。孔あきのケイカル板は、工場や倉庫などに使われることが多い材料で、一般の住宅建材として、内装で用いられることは大変珍しいことでした。

しかし、例えば、建築家の広瀬鎌二や池辺陽などは、一九六〇年代から工業系素材を住宅に持ち込みました。あるいは、清家清が設計した先進的な住宅であれば、これらの工業系素材が使われました。僕の父親は、専門的な建築教育を受けたわけではないけれど、建築に強い興味を持っていたので、工業的な材料はカッコいいと思い、おまけに安い価格だったので、非常に気に入っていました。

そういうわけで、僕にとっても、家を増改築する作業はすごく面白かったんです。［▼48］

「天井」というエレメントのみを地元の建材店で手に入れて、木造平屋を手直しできたというのは、内田が着眼した「オープンシステム」の表れであり、素人に開放した技術における隈一家の実践である。先進的なデザイナーと同じように、一九六〇年代に工業製品を実験的に住宅に用いることは、隈少年に同時代のデザイン感覚を身に付けさせることになっただろう。それは大量生産の工業製品になる前の時代である。

社会的な要請だけではなく個人の経験として、家族四人のために木造平屋を増改築したという経験は、隈研吾が建築家を目指すプロセスのなかで重要な位置を占めている。それは、威圧的な父親が認めた、民主的な家族会議による増改築の経験である。

3 「物質」から建築を考える――「くまのもの」展

ポケットにはエレメントがいっぱい

ところで、コンペにおいて審査基準と言えば、コンセプトとプランを示すことは必要だが、それ以外に、例えば、ガラスと鉄の取り合いなどを記入しても、そのディテールによって審査の優劣が決まることはほとんどない。コンペの応募者が提出する資料一式は、コンセプトや平立断面図、パース、大きな模型などだが、これらの図面に材料の種類までが描き込まれることはまれで、模型は、抽象的な白い模型を提出するだけのことが多い。

「コンペでは大体その通りですね」と了解しながらも、そのやり方が気持ち悪いと感じている隈は、このように考えている。

まず、どんな素材でつくるか、次に、その素材がいかに構造と関係するか、そして、その素材にどのような光が入ってくるかと順に考えます。つまり、素材というのは、決して表面の単なる一枚の表皮などではないということです。素材は、どこまで構造的な存在に近づけるかという意味では、構造でもあるし、ある種の光のフィルターでもあるわけです。［▼49］

この手順を踏み、第3章で述べたように、《ジャパン・ハウス・サンパウロ》では、エキスパンドメタルを和紙で漉き上げ、和紙のもしゃもしゃとしたエッジが空間に拡散し、「疲れない」という面白さを引き出している。このもしゃもしゃとしたエッジを手で触わるとへこんだり、すぐつぶれたりすることからわかるように、これは商品的価値を高める「一枚の表皮」として存在しているのではない。そうではなく、人の身を守る衣服的なものとしての面白さを引き出すのは、経年変化していく自然素材の色味や質感、そして光の効果なのである。

隈によれば、「構造というロジックを全面に出すだけではなく、ほかにも、もっと建築を成立させているロジックはたくさんあると捉えている。例えば、素材や物質や光などのロジックも巻き込んでいくことができれば、もっと建築が豊かになる」［▼50］という。

僕は、ある意味で滅茶苦茶に広いレンジでロジックを扱っているから、構造もあるし、物質的、素材的な扱いもあるし、ランドスケープ的、光源的扱いもある。そうやって、どんどん拡張しながら、様々な境界を取り払っていくことで、境界の無いロジックのネットワーク構造みたいなものができるなら、面白いことが起こると考えています。[▼51]

このように整理できるようになったのは、三〇年間の経験を積んだからであり、継続する努力のゆえに成り立つものなのだが、どんな努力があるのだろうか。

それぞれの「物」において、初めてでき上がる世界があります。例えば、木だからこそ、でき上がる空間があります。木という素材によってつくられる、人と人の関係性があります。そのなかで結果に至るまでに、建築家に向かって、いろんなものが飛んでくるわけです。最初の依頼を聞くときに、さまざまな要望が出ることもあるし、現場の途中で、僕がまったく想像しなかった事態に陥ることもあります。

だから、何が起こっても慌てないで、どんなことでも受けとめるためには、自分の中にたくさんのポケットを持っていなければならないと思うのです。こちらのポケットで上手くいかない場合は、あちらのポケットで試してみることができる懐の深さがないと、建築家は、想定外のことが起こり続ける現場に対応できません。[▼52]

建築は社会が規定するものであり、現代建築は、厳しさを含めて現代社会を反映するものでなければならない。だから、どんなことも受けとめられるように、隈はたくさんのポケットを持っている。隈のポケット論は、まず、建築をパッケージにして売り出すという、プレハブ方式のクローズドシステムとは真逆の姿勢である。こうした商品化した住宅に関わる問題を考えると、場所と技術の関係で、隈は、生産の手間を省かず、職人の技術を導き出し、現場の指揮者としてタクトを振っている。「もう一度、物質を取り戻したい。物質と人間とを繋ぎたいという思いで、三〇年間僕は建築をつくってきた」[▼53]と心情を述べている。

しかし、建築界を眺めてみると、例えば、連日スタディを積み重ね、考え抜いたアイデアも、はるかに安くコストを抑えなければならないから断念するという具合に、厳しい条件が設定されている建築物であるとしても、建築家の「作品」を語るうえで、なんの言い訳にもならないのだから、始末が悪い状況である。次に、この「作品」の問題を考えると、隈のように複数の素材とつくり方を同時に展開させることは、多くの建築家が自らのイメージを一点に集中させることでスタイルを確立することに比べて、ともすれば、隈研吾という一人の建築家としてのイメージが分散し、脆弱になるというリスクを抱えている。

それでもなお、隈は複数の素材とつくり方を同時に進める。それは、経済がすでに右肩下がりの時代に、それでも建築をつくるのだとしたら、現場の人が長い時間にわたり、愛着を持つことができる建築でなければならないと考えているからである。自己本位の建築家のなかで、隈は異色な建築家である。しかし、隈にとって、人間らしい生き方は、少数の勝者の歴史でもないし、ビジネスの成功物語でもない。こうした観念的思考を徹底的に批判することは、隈の強い意図である。だから、それが困難な作業であっても、やり遂げようとするのである。

そして、それを素材と操作と幾何学の「樹形図」として明確に説明している。

「樹形図」として隈建築を描く

二〇一八年三月から約二カ月間、《東京駅丸の内駅舎》の東京ステーションギャラリーでは、「くまのもの――隈研吾とささやく物質、かたる物質」展が開催された。隈の約三〇年間に及ぶプロジェクトを集大成したもので、実物のパヴィリオンや原寸大のモックアップ、映像や素材サンプル、模型などを通じて、これまでの数多くのプロジェクトが明らかにされるという充実した展示であった。この展覧会は、建築業界に限らず、多くの人々から関心を集め、来館者は六万人を上回り、リニューアル開館以来の最多入館者数の記録を更新した。

この「くまのもの」展の開催にあたり、東京ステーションギャラリーでは、隈の講演会が開かれた。それによれば、今回の展覧会のテーマは、「a LAB for materials」だという。

〝LAB〟というのは、愛のラブでもありますが、「ラボラトリー」という意味です。いろいろな材料を研究しているラボラトリーです。ただ一つのことだけで完結するのではなく、それらを結びつけていくのです。

「建築は作品である」と昔よく言われました。「作品!作品!」と強調されました。「物凄い傑作を一個つくった。どんなもんだ!」というのが、いわゆる「作品」の考え方です。つながるというイメージではありません。それに対して、ラボラトリーは、一つを見つけたことで完結するのではなく、一つを見つけたことで、そこに反省と課題が生まれ、次にそれを発展させ、研究していくものです。さらに、もう一つが見つかると、そこに反省があり、次の課題が見えてくる。このように、ラボラトリーは継続的なものです。

建築を単独の「作品」と見なすのではなく、継続的な努力であると僕は考えています。努力を継続して、研究していく。作品は一発勝負ですが、ラボラトリーでは、「継続的な努力」となります。だから、僕は、小さなプロジェクトでも楽しみながら仕事していますし、作品主義ではなく、研究室主義があり得るのではないかと考えています。[▼54]

隈は「物質にかえろう」という、この展覧会のエッセイのなかで、こう述べている。

その樹形図、その継続的な努力こそが、本当の意味での作品であると、僕は考えている。ひとつひとつの建築が作品なのではなく、それぞれの建築を繋ぐ流れこそが作品であると、僕は最近考えるようになった。その流れさえしっかりとつくれば、僕がいなくなった後でも、挑戦は継続されていくであろう。

二〇世紀の建築家は、建築を作品と呼びたがった。アーティスティックな付加価値のついた商品のことを、作品と呼んだのである。作品は環境から切断された、特異なものでなければならず、環境との切断がオーラを放つと、人びとは考えた。切断ゆえに作品は高く売れ、切断の結果できた作品が、二〇世紀の環境を破壊し、いまも増殖している。

建築が作品になる必要は全くないと、僕は考える。環境と切断された特異なものである必要は全くないし、むしろ、高く売ろうとすることで、建築家はいろいろな無理を強いられたし、建築は歪んだものとなった。作品という発想が、建築をゆがめたのである。［▼55］

この樹形図とは何か。

東京ステーションギャラリーでは、隈研吾の約三〇年間のプロジェクトをつなぐ流れを可視化した「樹形図」が無料で配布された。

この樹形図は、「素材」と「操作」と「幾何学」を三つの軸として、各プロジェクトを分類している。「素材」は、「竹、木、紙、土、石、金属、ガラス、瓦、樹脂、膜／繊維」の一〇種類である。「木」や「石」だけではなく、「紙」と「瓦」もあるし、「樹脂」もあるところがユニークだ。「操作」は、「積む、粒子化、包む、編む、支えあう」の五種類である。このように動詞として分類することは、「構法」を新たに展開した内容を明らかにしている。例えば、「積む」は「組

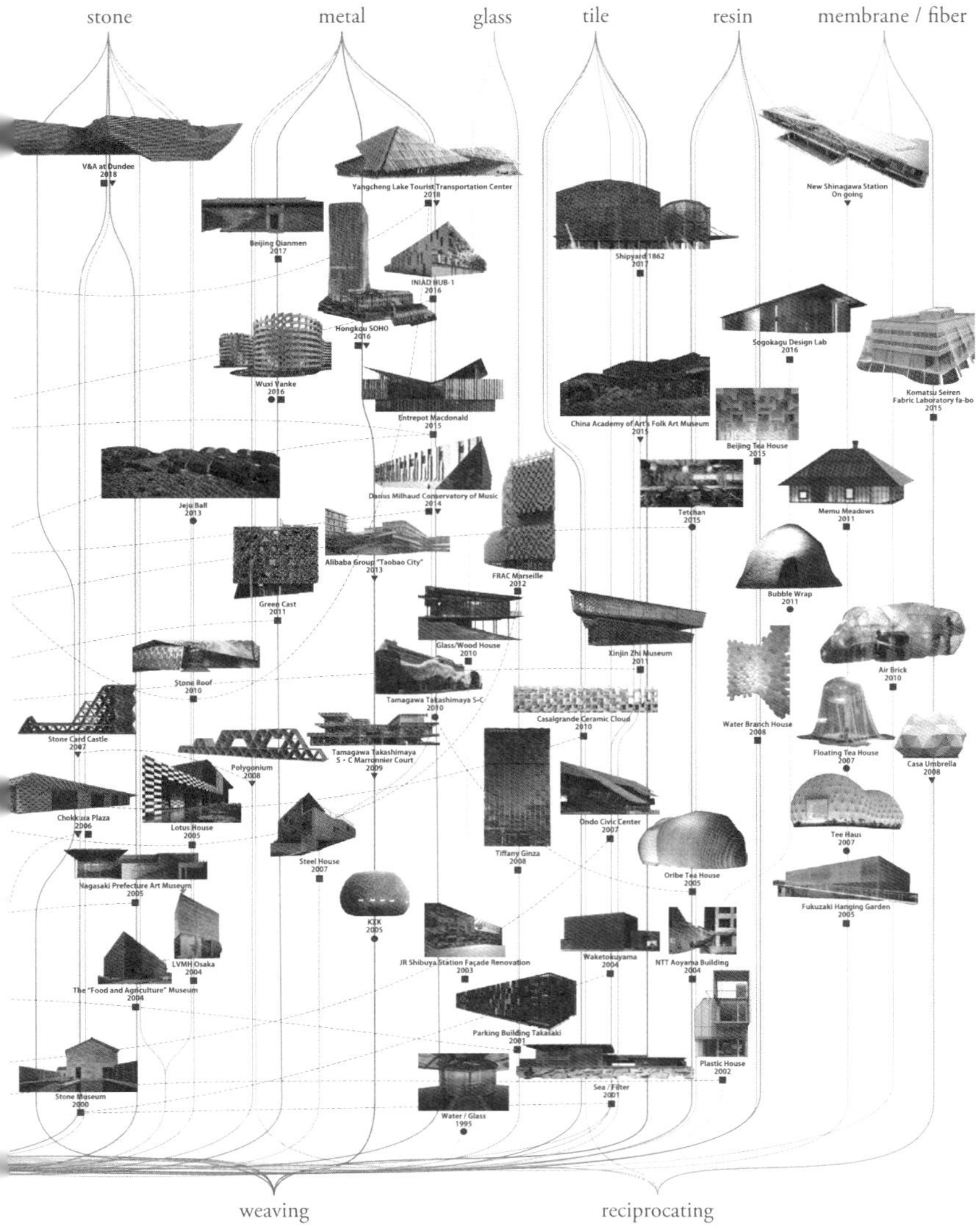
stone
metal
glass
tile
resin
membrane / fiber
V&A at Dundee 2018
Yangcheng Lake Tourist Transportation Center 2018
New Shinagawa Station On going
Beijing Qianmen 2017
Shipyard 1862 2017
INIAD HUB-1 2016
Hongkou SOHO 2016
Sogokagu Design Lab 2016
Wuxi Vanke 2016
Komatsu Seiren Fabric Laboratory fa-bo 2015
Entrepot Macdonald 2015
China Academy of Art's Folk Art Museum 2015
Beijing Tea House 2015
Darius Milhaud Conservatory of Music 2014
Jeju Ball 2013
Tetchan 2015
Memu Meadows 2011
Alibaba Group "Taobao City" 2013
FRAC Marseille 2012
Green Cast 2011
Bubble Wrap 2011
Glass/Wood House 2010
Xinjin Zhi Museum 2011
Air Brick 2010
Stone Roof 2010
Tamagawa Takashimaya S-C 2010
Casalgrande Ceramic Cloud 2010
Water Branch House 2008
Stone Card Castle 2007
Tamagawa Takashimaya S・C Marronnier Court 2009
Floating Tea House 2007
Casa Umbrella 2008
Polygonium 2008
Chokkura Plaza 2006
Lotus House 2005
Ondo Civic Center 2007
Tee Haus 2007
Steel House 2007
Tiffany Ginza 2008
Nagasaki Prefecture Art Museum 2005
Oribe Tea House 2005
Fukuzaki Hanging Garden 2005
KXK 2005
LVMH Osaka 2004
JR Shibuya Station Façade Renovation 2003
Waketokuyama 2004
NTT Aoyama Building 2004
The "Food and Agriculture" Museum 2004
Parking Building Takasaki 2001
Plastic House 2002
Stone Museum 2000
Water / Glass 1995
Sea / Filter 2001
weaving
reciprocating

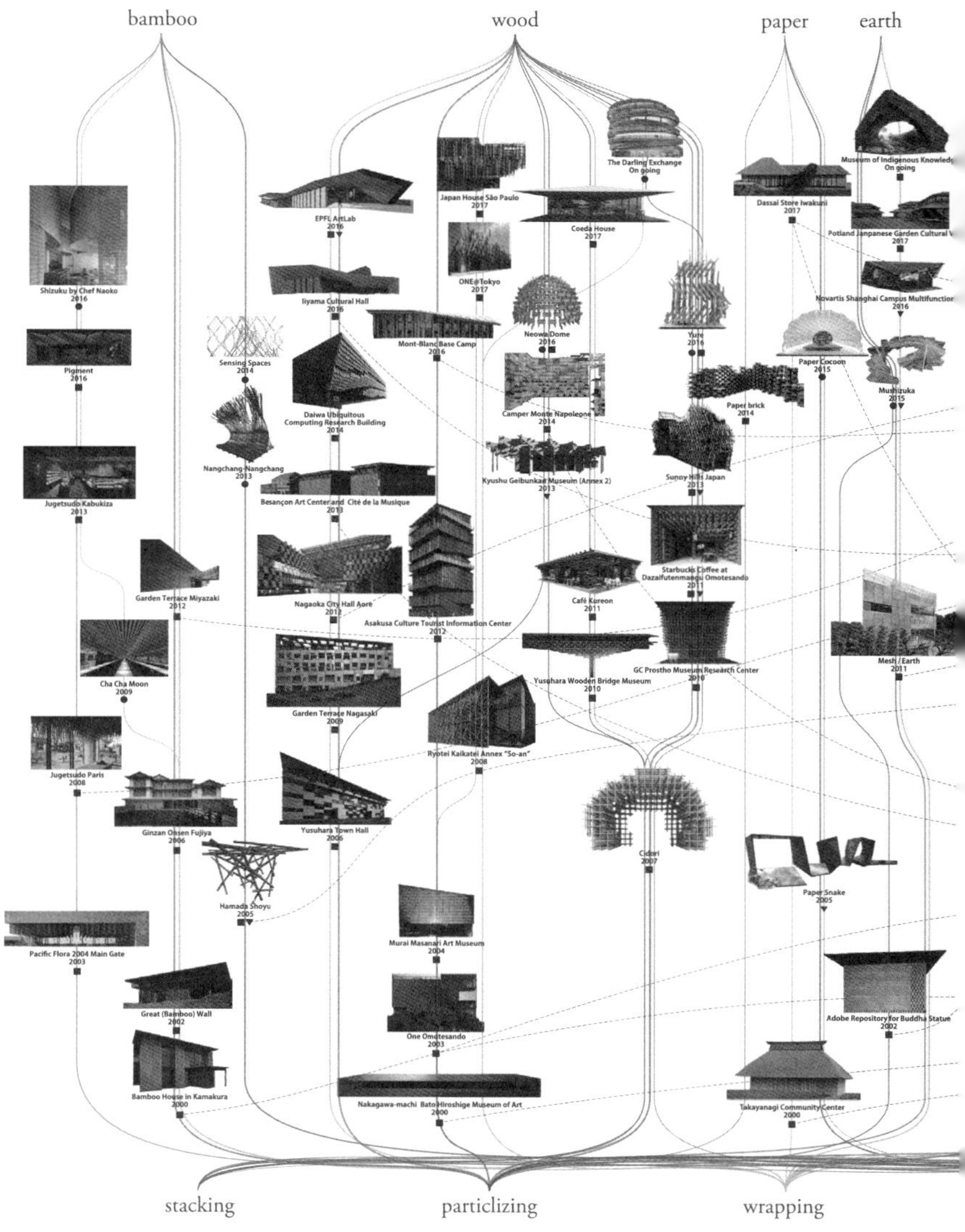

Fig.36　素材と操作と幾何学の「樹形図」

積造」を連想させるし、「包む」は「ドーム構造」などの建築の専門用語になるだろう。「支えあう」は、木造平屋の和小屋を想起させる。こうした動詞は馴染みのあるものだが、それ以外にも、「粒子化」や「編む」といった革新的な動詞に至るまで、これらがすべて同等に取り扱われている。旧来型の建築構造力学の体系に則るというわけではないのである。

建築物は、「幾何学」においては、「格子、多角形、円弧・螺旋」の三種類の表記が用いられている。

この樹形図は、隈研吾と隈研吾建築都市設計事務所が行っている継続的な努力のためのヒント集である。樹形図では、完成形に到達するまでのプロセスから、建築物が年代順に並び揃い、「素材」と「操作」と「幾何学」を主軸として、樹形は分岐しているし、ジャンプすることで線が錯綜している。

なかでも、ジャンプするというのは、どういうことだろうか。

複数の素材を横断して、同時並行で仕事していると、一つの素材で上手くできた操作を、別の素材で試すことが起こります。

例えば、ピエトロ・セレーナという石は、ブルネレスキやミケランジェロが好んだモノトーンの砂岩で、最近では、世界中のアップル・ストアがこの石を床に用いています。このピエトロ・セレーナでつくるパヴィリオンを依頼された時のことです。イタリアの職人に

「どこまで石を薄くスライスできる？」と尋ねたら、「一センチなら大丈夫だ」と言う。石の薄さが、わずか一センチです。この一センチの薄いピエトロ・セレーナを使い、「カード・キャッスル」の原理でパヴィリオンをつくりました。「カード・キャッスル」というのは、トランプ・カードを三角形に組み、トラス状に組み立てる構造体です。

この「カード・キャッスル」の原理が面白かったので、今度は、石の代わりに、富山では、アルミニウムでつくりました。富山の銀細工の町で、年一回、伝統工芸マーケットが開かれるので、そこで物品を陳列するための台をつくって欲しいと頼まれ、石をアルミニウムに置き換えて、制作したのが《ポリゴニウム》です。

このように同じシステムですが、材料は転移しています。これが「ジャンプ」です。ある素材で上手くできたから、今度は違う材料で試すという「ジャンプ」をよくやります。石で器用にでき上がったので、次は、アルミに置き換えてみようというわけです。

他にも、エキスパンドメタルの原理を、紙でつくったこともあります。紙に切れ目を入れ、エキスパンドメタルのように引き延ばすことで、紙の茶室をつくりました。

そういうやり方で、「横に滑らしてみる」とか、「ジャンプする」とかいったことが、ラボラトリーではしばしば起こります。一つの作品だけを制作するという作業では、そういうことが起こりません。だから僕にとっては、同時にいくつかを行うことは意味があることです。

[▼56]

このように素材と操作と幾何学の「樹形図」は、ときどき、建築物が素材と操作の間をジャンプして破線で結ばれている。同じ三角形の原理が、イタリアでは石になり、富山ではアルミニウムになるというのが、ラボラトリーの証である。

また、複数の素材と操作を同時に進めることには、物づくりをする隈の素直な気持ちもある。

まず単純なことですが、同じことを繰り返していると、自分自身が飽きてしまうということがあります。絶えず自分が興味を持ち、エネルギーを注ぎ続けられることが、やっぱり大事なことです。[▼57]

一つのことに固執するよりも、多様に展開するのが望ましい。それでも、ついに「これはダメだとあきらめた素材があるか?」と問われ、隈はこう答えた。

この樹形図は、年代別に素材と操作をつないで建築物をプロットしていますが、実は途中で挫折することがないわけではありません。しかし、その時点では挫折したと思ったことでも、何年か経つと、「あれとこれを組み合わせると復活するかもしれない」と再びプロジェクトが進み始めることがあります。

例えば、小松精練〔現・小松マテーレ〕ファブリック・ラボラトリー《ファーボ》のカーボンファイバーで耐震補強したプロジェクトは、最初に依頼を受けたのは、かなり以前にさかのぼります。その時点では、「カーボンファイバーは繊維素材であるし、コンクリートと比べて、やわらかさが違いすぎるので、どう考えても実現できないだろう」と難儀していました。しかし、その後、僕がいくつかカーボンファイバーを試しているあいだに、それと同時に、建築構造家の江尻〔憲泰〕さんは、例えば、長野の善光寺という木造建築の本堂をカーボンファイバーで補強する経験を積んでいたのです。そのおかげで、《ファーボ》の場合、依頼されてから数年後に、江尻さんが「できそうだ」とあらためて僕に声をかけてくれました。

Fig.37 「くまのもの」展 カサ・アンブレラ

Fig.38 「くまのもの」展 カーボンファイバー

それで、やっと実現にたどり着きました。

つまり、一度あきらめたことでも、「いつか復活戦をやろう」と覚えていると、復活できる場合があります。それと何かをつなげると、ようやく実現できるのです。そういうわけで、これは絶対ダメだと言うことはありません。いつか復活する可能性があると常に思っています。［▼58］

開き直るのではなく、努力を継続することが肝要である。復活するかもしれないと忘れないことで、まるで瞬間移動のように、時間をジャンプすることもある。

「くまのもの」展の講演会では、最前列で熱心に隈の話を聞き入っていた高校生から、こんな質問が飛び出した。「今、復活させてやろうと考えている物はありますか？」間髪入れずに、隈はこう回答した。

いろいろあります。例えば、細い竹のスダレを土まみれにして、固めることで構造とするのは、面白そうだと思っています。何か機会があれば、挑戦してみたい。［▼59］

土に関わる復活案を瞬時に提案したことに、講演会の会場では目を丸くする人もいた。しかしながら、すでに表現したことはほんの一部で、「樹形図」は、これから先に、枝分かれしながら、いくつもの枝が伸びていくのは、どうやら間違いないらしい。

遊び心を継承する

「くまのもの――隈研吾とささやく物質、かたる物質」展の会場となったのは、《東京駅丸の内駅舎》に設けられている東京ステーションギャラリーである。

この「くまのもの」展の会場構成について隈に訊いた。

今回の展覧会は「実物を見せたい」という思いが一番強かったですね。建築の展覧会では、小さな模型とドローイングを展示することがよくありますが、しかし、これでは僕のやってきた仕事が伝わりません。もし仮に小さな模型にしてしまうと、木の建築か、コンクリートの建築か、わからなくなってしまいます。だから大きなサイズで示したいと思いました。

では、どのように展示するかと考えると、素材別であれば子供でも理解できるだろうと。木とかプラスティックとか紙とかは、子供が見ても、それが何かわかるでしょう。それらの素材から建築物ができ上がるプロセスを見れば、子供がわくわくするだろうと想像していきます。東京駅は、サラリーマンだけではなく、家族連れや、観光客のグループなど大勢が往来する場所です。だから、建築業界の人間だけではなく、子供が感じて、素直にわかる展示方

法がふさわしいと考えました。[▼60]

それを引き受けながら、「くまのもの」展では、原寸大モックアップや素材サンプル、映像、模型などが高密度で展示された。例えば、八角形の展示室に設置された実物のパヴィリオン《香柱》は、竹ヒゴでつくられたパヴィリオンである。ゆらゆら揺れる竹ヒゴはかすかな部分を共有して結びついている。照度を落とし暗くなった八角形の展示室は、この竹ヒゴが香料を吸い上げることで、畳の香りを満たしている。

「樹脂」のコーナーでは、リサイクル資材として捨てられたLANケーブルからつくられた、もじゃもじゃとした素材が、東京ステーションギャラリーでは、二階の展示室の天井からぶら下がった。これは、西東京の路地の隠れた小さな焼き鳥屋でインテリアデザインとなった素材である。《ジャパン・ハウス・サンパウロ》のエキスパンドメタルを和紙で漉き上げたものと同じように、これは疲れないし、「ホッとする安心感」という面白さがある。

美術品を展示するためのホワイトキューブではなく、《東京駅丸の内駅舎》のノイズ感が溢れる赤レンガの壁と相まって、天井の色彩豊かなもじゃもじゃとしたリサイクル資材は衣服的なものの一つであろう。こうした展示方法は、建築の展覧会で見受けられる白い模型やドローイングでは表現し得ない、自然素材の持つ生命力が感じ取れるし、廃材を再利用する手段は、発想力豊かでユーモラスなものだ。建築業界に限らず来場者を増やし、最多入館者数を記録した展覧会となったことも異論なしの帰結である。

原寸大モックアップのなかで、赤レンガの壁を背景に、そのすぐ手前に置かれたモックアップは、細いステンレスワイヤーで吊る《上海Shipyard 1862》の有孔レンガである。浮遊するような有孔レンガが際立ち、東京駅の赤レンガの壁と見事にインテグレートしている。《中国美術学院・民芸博物館》の「瓦」のモックアップにも同じことが言える。これらの展示物は、《東京駅丸の内駅舎》の赤レンガの壁との関係を十分考慮したものである。

一九一四年に竣工した《東京駅丸の内駅舎》は、建築家の辰野金吾が設計した後、建て替えの話が何度も浮かんでは消えていたが、二〇一二年になると、建築史家の鈴木博之が先導すること

Fig.39 「くまのもの」展　もじゃもじゃ　捨てられたLANケーブル

Fig.40 「くまのもの」展　《中国美術学院・民芸博物館》　瓦のモックアップ

Fig.41 《上海Shipyard1862》(2017)

Fig.42 《上海Shipyard1862》 有孔レンガ

で、本格的に復元した。戦災で失われたドーム屋根が甦ったことは、《東京駅丸の内駅舎》がリニューアルした後、人気を集める要因になっている。「くまのもの」展の講演会では、東京駅の赤レンガの壁をテーマとして、隈は先達への思いを語った。

建築史の鈴木博之先生は東京駅のドームを元通りにつくり直しました。その後、僕が東京駅で建築展を開催することになったのは、何かの巡り合わせだと思います。というのは、僕が東大に着任した年にちょうど鈴木先生は退官し、そのわずか五年後に残念ながら亡くなられたからです。もっと長く生きられたら、鈴木先生の指導の下で、東京に古くからある建物の再生は、今以上のスピードで進んでいたでしょう。

僕にとっても、辰野金吾先生に興味を抱かせてくれたのは、鈴木先生でした。東大建築の流れの中に、辰野先生、鈴木先生がおられ、鈴木先生の感化を受けた僕がいます。東京駅を設計した辰野金吾という建築家が生まれたのは一八五四年です。僕が生まれたのは一九五四年ですので、その一〇〇年前のことです。辰野金吾先生は九州の佐賀出身です。僕は横浜で生まれましたが、もともと隈家というのは長崎の大村にあり、同じ九州人ですし、僕が生まれるちょうど一〇〇年前に辰野金吾先生が生まれて、〝吾〟という字も僕と同じ字が付いていますので、思わず辰野先生に親近感を持っています。

辰野先生は東大建築学科の先生でした。現在は僕も教えていますが、僕は、東大の建築学科はすごく面白いところだと思っています。というのは、東京大学の建築学科と言えば、日本の建設業を支え、正統派であり、権威的な態度を感じる人がいるかもしれませんが、実は、そのスタートを見てみると、非常に自由な空気があったと思うからです。

辰野先生の師匠は、お雇い外国人建築家として、明治期にイギリスから日本に招かれたジョサイア・コンドルです。コンドルは、東京帝国大学の前身にあたる工部大学校で建築を教えました。コンドルはウィリアム・バージェス事務所で設計の仕事をするなかで、近代化以前の中世に憧れる中世主義者でした。彼らは、質の悪い大量生産品が出回るようになった産業革命に対する一種の反動として、昔ながらの手仕事の時代を見直し、中世への回帰を志向しました。一九世紀末のイギリスでは、中世に回帰する動向があったわけです。

来日後、コンドルは日本の文化にどんどんのめり込んでいきます。東大で建築を教える一方で、江戸時代の遊び心を持った日本画を学び、師匠の河鍋暁斎から「河鍋暁英」という雅号をもらいました。明治維新から間もない日本に招待され、彼から見ると意味不明な国で暮らすことを決意できたという話からわかるように、コンドルはヒッピー的な気質を持つ人だったと言われています。

こんな遊び心満点のコンドルは、優秀な弟子を育てました。その弟子の一人が辰野金吾先生です。辰野先生もまた、遊び心を持つ人だったと思います。有名な話ですが、辰野先生は相撲が大好きでした。力士と同じようにまわしを締めて、相撲のまねごとをするほどだったそうです。東京駅の形が両翼にウィングを大きく張り出しているのは、横綱の土俵入りの姿を思い浮かべながら設計デザインしたからだという説もあるほどです。辰野先生は六五歳で亡くなるとき、最後の床で、万歳三唱したという逸話も残した豪快な人でした。

そこで、今回の展覧会は、辰野先生の自由さを取り戻すことが基本的な発想です。[▼61]

混構造であることの面白さ

隈によれば、「辰野先生が持つ自由さは、東京駅のようにレンガと鉄の混構造にする自由さであり、その建物の形は、横綱の土俵入りという自由さ」を指している。

ほとんどの皆さんは見たことがないかもしれませんが、東京駅は、鉄骨の骨組みでつくられています。どう見ても、鉄骨造には見えないですね。東京駅はレンガ造であると言っても大きな間違いではないのですが、実は、レンガと鉄骨の複合構造です。その証拠に、壁をよく見ると、レンガとレンガの間に黒い部分があります。これは鉄骨です。

まず、鉄骨で骨組みを立てます。決して太い鉄骨ではありません。細い鉄骨で骨組みを立て、それにレンガを積みます。真ん中に鉄骨柱が入り、そこからレンガを積みます。また、鉄骨の大梁を架けて、床スラブにコンクリートを打っています。復元されたドームも鉄骨にレンガを積み、レンガと鉄骨の二つの材料で支えられている、世界的に見ても非常にユニークな構造体です。[▼62]

Fig.43 《東京駅丸の内駅舎》 鉄骨造とレンガ造

辰野の自由さが、こうした混構造であるという。さらに言えば、それは「東京駅」的である。混構造である場合、特に鉄骨とレンガとの間に優劣関係はないが、「東京駅」的というのは、レンガが「見せ場」となることを意味している。

そして、中国では、これとは正反対の「東京駅」的が見つかった。

中国の北京前門の再生プロジェクトに携わり、いろいろな発見がありました。中国の古い建物はレンガ造が多いので、北京前門の一角の建物を補修しようとしたとき、僕はその建物がレンガ造だと思いました。

しかし実は、木造だったのです。この辺りはスラム化し、レンガの壁も崩れ、本当にボロボロの建物でした。けれども、それを磨き上げると、美しい木造の柱と梁が現れたのです。古い建物は、木の骨組みが支え、その外側にレンガを積んでいました。レンガは構造的な役割を果たしていますが、主要な構造は、木造です。

さらに続きがあります。この木造の古い建物を補修するために現地の職人を探し、ようやく大工が見つかりました。八〇歳近い方でした。驚いたことに、彼は「日本の大工から木の技術を習得した」と言うのです。彼の師匠は日本の大工で、木造の優れた技術を教えてくれたらしい。この日本の大工は、「折りたたみ式の木製椅子を複雑な木組みでつくることができれば一人前だ」と彼を指導したそうです。その木製椅子を実際に見せてもらいました。

中国では木造の技術は衰退の一途をたどっていますので、木造の図面を引いて中国の現場に渡しても、「木造はコンクリートの三倍のコストがかかる」と突き返されてしまいます。しかし一方で、優れた大工の技術が受け継がれていることが確かめられ、北京前門では、素晴らしい体験をしました。[▼63]

こうした実例から読み解けるように、限定しないことは、建築物を改修するうえで多くのヒントを与えている。混構造であることは、さまざまな枝分かれを生み出している。したがって、このように隈は疑問を投げかけている。

設計者のなかには、まだ近代の純粋主義的というか、原理主義的な発想を持っている人がいます。木材を使う以上、「木造がいい」、「木材は無垢材であるべきだ」ということに固執している。[▼64]

原理主義的な発想は、《東京駅丸の内駅舎》のレンガと鉄骨の混構造や、北京前門のレンガと木の混構造を生み出す思考の柔軟さとは対極的である。

4 継承するためにジャンプする

「ジャンプ」とは

隈建築のヒント集となる「樹形図」では、ときどき建築物は、素材と操作の間をジャンプすることがあったが、「ジャンプする」ことは、隈建築では特別な意味を持っている。そこで、これ

Fig.44　坂本龍馬脱藩の道　茶堂

を理解できる建築物を二つ見てみよう。

一つは、日本の庶民的な建築物として、茅葺き屋根がジャンプする《まちの駅「マルシェゆすはら」》の茅ブロック壁である。もう一つは、伝統木造建築のなかで「斗栱《ときょう》」という屋根の架構形式を木橋に適用した《木橋ミュージアム》である。

まず一つ目として、梼原のスギを生かした建築物のなかに、二〇一〇年に開館した《まちの駅「マルシェゆすはら」》がある。「町営の新たな宿泊施設《まちの駅「マルシェゆすはら」》は、茅葺き屋根の《茶堂》の伝統を受け継ぐことを考えた」と隈は説明する。梼原町の旧街道沿いに、茅葺き屋根の《茶堂》が今も残っている。かつて梼原には、峠を越える旅人を茅葺き屋根の《茶堂》に招き、茶をふるまい、厚くもてなす習慣があった。この伝統を現代に受け継ぐために、設計デザインで何をする必要があるのだろうか。

《まちの駅「マルシェゆすはら」》の一階から三階までの吹き抜けは、新鮮な地元の野菜、果物、漬け物などの加工品が賑やかに並ぶマルシェとなっている。このマルシェの吹き抜けに面して、町営の宿泊施設が設けられている。この吹き抜けは、渋皮を残した町産の杉丸太が林立し、天井にも渋皮つきの杉丸太が半割りで並んでいる。それに対して、鏡張りの壁面を広い範囲にわたって設置することで、彩り豊かな地元の食材や、渋皮つきの地元産の杉丸太が持つ具象性を和らげている。

隈は、旅人をもてなす茅葺き屋根の《茶堂》に触発されたわけだが、《まちの駅「マルシェゆすはら」》は、茅葺き屋根ではなく、なんと茅で壁をつくるという意表を突くものだった。茅によって、二〇〇×一〇〇×四〇センチのブロックをつくり、それをうろこ状に重ねて、壁を全面的に形づくっている。茅という同じ素材であるが、屋根から壁へとエレメントがジャンプするのである。

室内も内装材を貼ることなく、外壁の茅ブロックが露出することで、杉丸太の柱や、地元の食材が並んだ陳列棚と相まって、自然素材が溢れた活気ある空間となっている。この茅ブロックができ上がるまでの過程では、建築法規上の問題から、それぞれのスチール・フレームを横軸回転させることで、茅ブロックの建具扱いが認められ、茅の外壁が制作可能になるという苦労があった。

ここで興味深いのは、外壁として茅ブロックをうろこ状に重ねるために、茅が一塊のブロックとなるように、フレームとしてスチールを採用したことである。自然素材の茅と、スチールとは対照的な材料である。しかし、同じ自然素材だからと言って、この茅をまとめるために、例えば、木のフレームをディテールにすると、茅と木の双方の厚みが表出し、個性を打ち消し合ってしまう。それでは、茅独特の粗っぽさをひときわ際立たせることができない。そこで、新旧問わず、好対照となる部材同士を、直接ぶつけるディテールを考案するのは、隈建築の痛快さである。《梼原町総合庁舎》で述べたように、揃えられた粒が入るためのフレームをどうするかという課題がここに示されている。

こうした過程を経て、やっとでき上がったのは、世界でも珍しい茅による壁である。内田祥哉は、その茅ブロックを見て、驚嘆の声を上げた。

石以外では、《呉市音戸市民センター》（二〇〇七年）も面白かった。平瓦をやめて丸瓦だけにしたというのはすごいね（笑）。僕はこんな瓦の使い方を想像もしなかったけどさ。発想が新しいと思った。《まちの駅「ゆすはら」》の茅もびっくりしたね（笑）。［▼65］

ここから看取されることは、エレメントの転置として、茅葺き屋根の《茶堂》から、茅ブロックのうろこ状の壁に変化を遂げるほど、それほど変化が激しいことが、伝統を継承することなのだという定義である。そうでなければ、伝統が生きることはない。隈はこのように断言している。

「なんちゃって日本建築」には絶対したくない、ということを意識するわけです。「なんちゃって日本建築」とはどういうことかと言うと、例えば、今の時代は特にコストが限られています。コストが限られると、ほとんどのプロジェクトで本当に腕の良い職人を使うことが難しくなります。そうすると数寄屋造りと言っても、「なんちゃって数寄屋」とか、「なんちゃって和風建築」になりがちです。僕は絶対にそこに陥りたくない。

また、海外で日本の伝統建築をつくろうとすると、日本の大工を連れて行ける場合は少ないので、向こうの大工が、日本の伝統建築を真似することになります。すると、図面では日本の伝統木造建築なのかもしれないけれど、「なんちゃって」という感じの、変な建築物ができ上がることがすごく多いんです。なぜそうなるかと言うと、設計図を超えたところで、

Fig.45 《まちの駅「マルシェゆすはら」》(2010)

Fig.46 《まちの駅「マルシェゆすはら」》 茅ブロックの壁

日本の大工ではなく海外の大工が日本の伝統木造をつくりますから、彼らのわずかな手の違いが積み重なり、変な建築物になってしまうんです。そういう「なんちゃって」に僕は絶対にしたくない。

だから、もちろん伝統に触発されながらも、しかし、これまでの伝統建築でまったく実現しなかったところに踏み出していかなければならない。制限された条件のなかで、「なんちゃって」にならないためには、思い切ってジャンプしなければならないということです。

僕のやり方は、基本的に、このジャンプだと思います。そこのところを、みんなが理解しないんですよね。というよりも、みんなが理解できないのは、でき上がったものが割と不自然なく周りに馴染んでいるからでしょうね。[▼66]

隈によれば、伝統文化を現代に生かし、現代の生活のなかで不自然なく、周りに馴染むためには、逆に、既存のルールに挑戦することが必要だという。もしジャンプしなければ、つまり、既存のルールに挑戦しなければ、「なんちゃって」になってしまうだろうし、小手先だけのごまかしになって、建築家は詐欺師と言われかねない。そういうわけで、勘違いになりがちな巷の噂に対して、隈はこう付け加えた。

「隈さんは和風建築の大家ですね」と、いかにも復古的に言われることがあるけれど、その言葉は、まったく当たってないと思います。というのは、過去の和風建築の延長線上に、今のやり方を収れんしてしまうと、「なんちゃって日本建築」になるからです。[▼67]

建築家は、伝統を理解したうえで、その可能性を前へ進めなければ、伝統を現代に引き継ぐことはできないのである。

磯崎流と隈流、その相違

この「なんちゃって」建築以外にも、隈建築とは異なる潮流による伝統建築の現代的表現がある。それは、前述したなかで、第一のタイプの建築家から生まれる「作品」における属性である。

例えば、磯崎さんは、茶室や数寄屋もつくったけれど、京都の中村外二のような最高級の技術を持つ大工としか一緒に仕事しません。中村外二工務店と僕も仲良くしているけれど、彼らがやると、必ず、あるネタになってしまうし、コストも桁違いだし、どのプロジェクトも彼らと一緒にやることはできません。逆に言えば、磯崎さんが選択したことは、技術的に、あるいは、コスト的に、中村外二が扱えないような、いわば低いレベルの和風建築に決して関わらないということです。[▼68]

磯崎新は数少ないが、《有時庵《うじ》》などいくつかの茶室をつくっている。「外二も死んじゃったから、これから何かやるとなったらどうなるか分かりません」〔▼69〕と話す磯崎がつくった茶室はすべて、名工として知られる中村外二との協働作業によるものである。海外でも、日本の高い精度を要求するのが、単体主義建築の流儀であるように、ブランド化した大工にのみ施工を請け負わせることで、磯崎の茶室は、上質なものに限定された和を扱っている。したがって、扱いやすく、技術的になんの問題もなく、失敗がない。その代わりに、成長もない。そのことは《有時庵》において、最初に考えていた茅葺き屋根が、建築法規上、許可されないことが判明した際、この茅葺き屋根のアイデアを磯崎がすぐに取り下げたことからもわかる。

隈であれば、茅のブロックを建具として制作し、建築法規の特別枠を用いてさえも、茅による外壁をつくるために努力し、しぶとくこだわったわけだが、それに対して、磯崎は、茅葺き屋根を実現することに、特段、関心を払うことなく、間もなくあきらめている。

磯崎の《つくばセンタービル》(一九八三年)を見て、建築家マイケル・グレイブスが「磯崎は、なぜ和の要素を使わないのか」と疑問を投げかけたが、ここにも、磯崎の好みが表れている。結局のところ、磯崎新は、日本の伝統建築を現代的表現に展開しようとする意欲が低く、好きでもないのである。

これは短絡的な言い方ではない。好きであることは、ほとんど唯一つと言っていいほど、お金の価値が人に与える影響を乗り越える力を持っている。好きだと、どんどん上手くなる。お金儲けが目的とならないことも、世の中には存在している。例えば、次の発言は、隈が現場の技術力を土台として、どれほど最大限の可能性を追求しているかを教えてくれる。

一つの建築物が完成しても、「もう少し、こうすれば良かった」というところが必ず見つかります。それだから、次のプロジェクトをやる気になるわけだし、それだから、創造性を持続させることができる。建築は、ある意味では、失敗の歴史です。建築には「失敗があってもいい」と僕は思っています。

自分の建築も、自分の人生も、失敗の連続です。だからこそ、やる気が継続するというわけです。[▼70]

ブランド化した自らの流儀に囲い込まれることなく、外へ出ることで、茅葺き屋根の《茶堂》はようやく現代性を獲得した。それが茅のブロックの正体である。

伝統木造をトレースする

このように《まちの駅「マルシェゆすはら」》は、茅葺き屋根の《茶堂》を受け継ぐ庶民的な建築物であったが、それに対して、二つ目となる《木橋ミュージアム》は、日本の社寺建築を代表する形式の「斗栱」がテーマとなった。《木橋ミュージアム》では、伝統が生きるために、どのように既存のルールに挑戦しているだろうか。

《雲の上のホテル》が竣工した後、隣地に温泉施設が建設されたが、ホテルからこの温泉施設への移動は、とりわけ悪天候時に移動するのは困難な状態であった。そこで、ホテルと崖下の温泉施設を屋内動線で結ぶ計画が、橋状のギャラリー施設《木橋ミュージアム》である。この施設を利用することで、《雲の上のホテル》から温泉施設に至るまでは、「渡り廊下棟」「ギャラリー棟」「ブリッジ棟」という三つの空間が楽しめる屋内動線でつながり、天候に左右されず移動できるようになった。「ブリッジ棟」の端部にエレベーターシャフトがあり、上昇降下する。この《木橋ミュージアム》は、梼原産のスギを繰り返して組み上げていくことで木の橋桁を持ち上げ、周囲の環境と調和しながらも、「梼原の象徴」としての迫力ある存在感を表現している。

この木橋は、橋の両端から「刎木《はねぎ》」と呼ばれる部材を何本も重ねながら持ち出し、橋桁を乗せていく「刎橋《はねばし》」という日本の伝統的な構造形式にヒントを得ている。「刎橋」は、江戸時代に数多く造られていたが、現在は山梨県の《猿橋》の一つだけとなった。木造から木板貼りの鉄構造に変わり、形だけが残されている。

隈の『場所原論』では、《木橋ミュージアム》に触れる章のなかで、この現存する山梨県の《猿橋》を図版付きで取り上げ、その独特な構造形式を丁寧に解説している。それによれば、

Fig.47 《梼原木橋ミュージアム》(2010)

「我々が興味をもったのは、猿橋に採用されている刎橋と呼ばれる構造システムです。刎橋は木造の屋根を支える「組物（斗栱）」と呼ばれる架構を橋に応用したものです」［▼71］と、着想の源に言い及んでいる。

この著書から読み取れるように、隈は、最近の著書のなかでは、こうした日本の伝統的な構造形式を参照したうえで、自らの建築物をつくるというプロセスを隠そうとはしない。むしろ、さまざまな構造形式について深く考究して、自らの著書のなかで堂々と言及するにまで至っている。例えば、ヴィラ《Water/Cherry》に関する記述としては、『オノマトペ 建築』のなかに「大和張りと呼ばれるこの伝統的なディテールにより、重たく大きな物質を粒子の集合体へと転換している」［▼72］とあり、実際に、羽目板を互い違いに並べる「大和張り」のディテールが多用されている。

内田研究室で学んだ木造継手からスタートして、いよいよ日本の伝統木造建築の構造形式を、現代建築に適用する建築物をつくり始めたことがわかる。そのように明言できるのは、隈がスタディを十分に重ねるなかで、《木橋ミュージアム》では、最初にヒントを得たという《猿橋》の一例から、より共通した認識として、より普遍的に、木造持ち出し梁の「斗栱」に変化を遂げたからである。

さらに詳しく見ていこう。

最初のアイデアの源となった《猿橋》の「刎橋」という形式は、両端に支点のあるアーチ状の形状で、両岸から「刎木」が張り出している。ところが、この《木橋ミュージアム》の場合、両端からではなく、中心に四本の集成材で鉄を摑んだ支柱を立て、この支柱となる一本の橋脚から少しずつ「刎木」を繰り返し持ち出していく。その結果、橋桁を乗せる木構造は、軒を支える「斗栱」と同じ形となったのである。

「斗栱」というのは、中国に起源を持つ日本の伝統木造において、屋根の持ち出しを支えるキャンチレバー構造の部材の組み立て方のことである。《木橋ミュージアム》では、それを橋のスケールに展開して、部材の持ち出しを執拗に繰り返し続けている。全長約四五メートルの土木的スケールを持ち、一本の橋脚から多数の「斗栱」が広がっていく強烈なデザインである。それは興味深いことで、何案もやり直して再び案を進め、スタディに熱心に取り組むことで、《木橋ミュージアム》は、《猿橋》から、社寺建築に共通した屋根の架構形式の「斗栱」に至ったのである。《木橋ミュージアム》は地域材を生かした構造が高い評価を受け、「芸術選奨文部科学大臣賞」を受賞した。

その繊細な木構造を下から見上げると、美しく迫力がある。崖下の温泉施設から外へ出て、木橋を下から見上げると、屋根が視界に入りにくく、木橋を持ち出す「斗栱」それ自体が、目に飛び込んでくるからである。

ローマは一日にして成らず

《木橋ミュージアム》の部材は、一八×三〇センチの小さな断面寸法のスギ材で、それを少しず

Fig.48 《梼原木橋ミュージアム》 ギャラリー

Fig.49 《梼原木橋ミュージアム》 屋根付き木橋

つ持ち出して積み上げている。隈はこう述べている。

現在では集成材のように木を接着剤で貼り合わせ、一メートルでも二メートルでもいくらでも大きな柱と梁をつくることが可能です。けれども、それは木の最も大事な部分を消していると感じます。例えば、《木橋ミュージアム》に大断面の集成材を使うと、コンクリートの橋のような形状となり、木造の独特のパラパラ感が失われてしまいます。

こうした大断面の集成材ではなく、一本の小さく細い木でつくることは、二〇二〇年の《新国立競技場》にまでつながる僕の方法です。最初の頃からそうでした。最初の木造建築は、《伊豆の風呂小屋》です。《伊豆の風呂小屋》は小規模だったので、自動的に部材は小さくなりました。次に、中規模木造建築の第一号は《雲の上のホテル》です。この時点ですでに大きな部材を使わないという気持ちがありました。今から振り返ると、一本の小さな細い木でつくることは、最初の頃から変わらないことです。［▼73］

この考えに基づき、「斗栱」の木橋ができ上がった。ただし、それだけではない。「小さく細い木」というのは、実のところ、梼原町では必然的な理由があった。大断面の集成材は、小さな町の梼原では製造不可能なのである。梼原町の工場では集成材であっても、小さな寸法の木材しか製造できない。それを逆手に取って、大都市の大工場に依存しないで、梼原町で手に入る材料だけで、《木橋ミュージアム》をつくり上げた。だからこそ、ユニークな建築表現が生まれたとも言える。つまり、その逆転の発想における懐の深さがあるからこそ、隈は、小さな町の可能性を表現できるのである。

もし建築家が気ままに材料を使うことを望むなら、海外から木材を輸入することもできるし、県外の木材を使うことも可能である。しかし、それをしない。そこには、地元の工場で加工可能

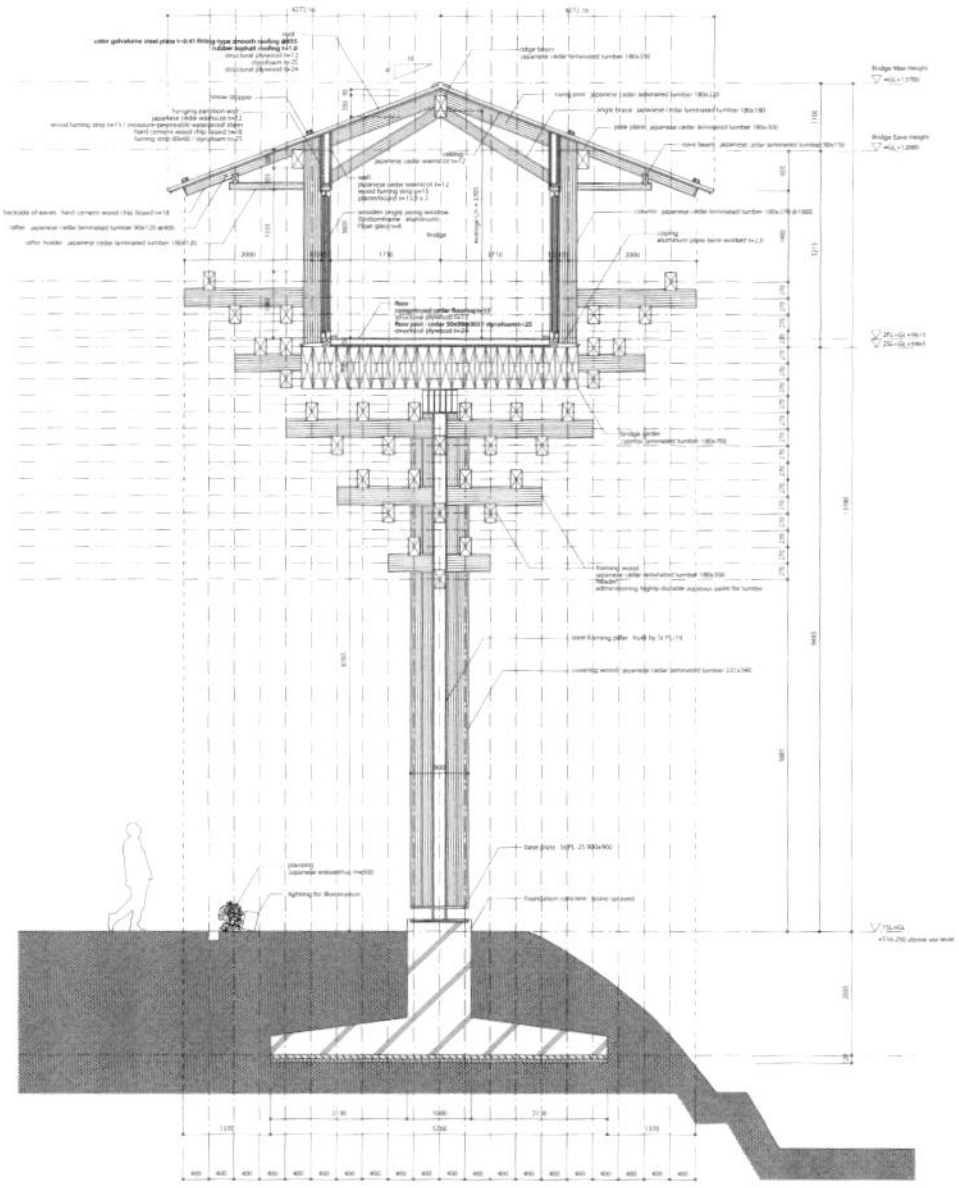

Fig.50 《梼原木橋ミュージアム》 断面詳細

な木材だけを使い、大スパンの木橋をつくることに挑むという目的を確認することができる。そこに隈建築が本領を発揮する。つまり、「失敗があってもいい」という精神である。そして、こう隈は言う。

一つの教訓として、「一日では、決して傑作はできない」ということです。ステップ・バイ・ステップです。例えば、一個の実験で上手く進んだとしたら、それをもう少し大きくして、また実験する。それが上手くいくと、もう少し広げる。そのように実験を重ねたり、信頼関係を築くために時間を割いたりすることなく、一発で、大傑作をつくろうとしても、到底無理なことです。建築とは、そういうものだと思います。

グローバルに仕事をすることも大事だけれど、そのためには、自分に「朋友」のような町ができることが意外に役立ちます。僕の経験からもわかるように、小さな町と自分が熱い関係で結ばれることが、建築においては、グローバルに仕事をすることにつながるのです。［▼74］

二〇世紀は、「いかに建築とその場所を切り離すか」が大きなテーマとなった世紀であった。しかし、隈研吾は、建築と場所を、もう一度つなぎ直すには、どうすればいいかを考えている。

第6章 コンピュータを身体化する

1　右手をケガして得たもの

フラットで、流動的な組織

前章と前々章では、隈研吾が第一線で活躍する建築家になるまでのプロセスを明らかにした。数多くの建築家が建築を商品化する形を取り、目標を達成していくなかで、隈研吾は、それとは異なるやり方を見つけた。それは地域の素材と技術を使い、個性豊かな建築をつくるという方法である。隈は地元の職人とひざを突き合わせて、「竹カゴ状の照明器具の縁をかがるかかがらないかという小さな話で、お互いにあきれるくらいにやりあった」［▼1］と当時の様子を振り返っている。

しかし、これはかなり意外な事実である。なぜなら、現場に行くと開口一番、「俺の言う通り、全部やれよ」と職人を怒鳴りつける建築家は少なくないからだ。建築家としては高圧的な態度で臨む習慣が身についている証拠であろう。それほど露骨ではないとしても、エリート意識が強く、権威ある立場を示すというのは、建築家としては決して例外的なことではない。例えば、二〇世紀前半のヨーロッパの建築家と、ヨーロッパの植民地となったラテンアメリカの建築家は、公の席には常に三、四人のドラフトマンを同伴するのが慣例であったし、戦後日本でも、CIAM（近代建築国際会議）に出席する建築家は蝶ネクタイを着用して会議に臨んだ。

こうした個人の名を冠する建築事務所からよく聞く話は、トップに立つ建築家が「一枚のスケッチ」を描き、所員がそれに基づいて建築図面を作成していくというものである。最近ちらほらと、それ以外の組織形態を取る事務所も現れているようだが、隈研吾建築都市設計事務所（KKAA）はどうだろうか。

隈によれば、「良いものを生み出すための組織づくりで心がけていることは、階層的にすることなく、フラットにする」［▼2］ことだという。

流動性を高め、人が絶え間なく、いろいろな場所を動き回ることも同じく重要です。それによって、人と人との出会いが生まれることは、クリエイティヴィティの基本になります。例えば、事務所内でチームを組むとき、いつも同じメンバーでチームをつくるのでなく、メンバーを入れ替えます。別の人と一緒に仕事すると、違う発見があったり、異なる学びがあったりしますからね。

また、〝流動性を高める〟という意味では、「パス回しを早く」と言っています。短いメッセージで構わないから、相手に「これを考えてくれ」とか、「こういう方向で検討してくれ」とかいったメッセージを送る。その後、相手から送られて来たメッセージに、「いいよ」、あるいは「ダメだよ」と返す。この時間の間隔を短くすることがクリエイティヴィティにつながります。だから、一人だけでボールを持たず、まずパスを早く出すこと、すぐにパスを送り返すことを所員に努めさせています。

絶えず僕は世界中をぐるぐる回っていますが、僕だけではなく、僕の事務所では所員も同じく世界中を飛び回っています。どこにいるかわからない人間同士となるわけですが、インターネットを通じて情報のやり取りができますからね。[▼3]

この「パス回しを早く」という組織づくりの心得は新鮮なものであるが、設計作業にコンピュータ技術を導入したことは、その新鮮さを引き出している要因に挙げられるだろう。さらに建築家の決断力についても、次のように隈は分析している。

以前であれば、設計が一つの方向に走り出しているにもかかわらず、それに変更を加えると、確実にスケジュールが遅れました。しかし現在は、コンピュータ技術によって、設計案をどんどん変更しながら、最終形に近づくことが可能になりました。流動的な設計になったのです。

一つの案が変わっていきます。例えば、コストが合わなければ、あそこを変えて、スケジュールが合わなければ、ここを変更するといった具合です。だからこそ、一つの考えに固着しすぎないことが大事です。これは違うと思えば、どんどん案を変えることです。建築家は柔軟に発想する必要があります。〔▼4〕

旧来型とは違い、コンピュータとインターネットを積極的に利用した新しい建築デザインには「流動性」が不可欠だという。隈事務所に勤務する設計室長は、こう話している。

コミュニケーションを取る能力が必要です。隈は一年のうち半年以上、海外に出張していますが、それだからこそ、こちらからメールを送ると、海外出張中であっても、すぐに現地の隈から電話がかかってきます。そうしたやり取りを繰り返し、だんだんデザインを決定していきます。私たちの事務所は、互いに緊密に連携を取ろうとする意識が強いですね。〔▼5〕

手書きの図面からコンピュータの図面へ

こうした隈流の組織づくりからわかることは、しかしながら「流動性」という新しさだけであろうか。いや、それだけではないだろう。というのも、建築家にとっては、そもそも職人との付き合い方であれ、所員とのやり取りであれ、建築業界では異なる立場の人との主従関係になりがちだからである。それに対して、自分が上から目線で見るのではなく、対等に接するからこそ、設計プロセスの「流動性」を獲得することができるのだ。とはいえ、なかなか難しいことでもある。

これは生まれながらの性格だとも言えるだろうが、それだけではなく、一九八九年に起こった事件も、これに少なからず関係していることを指摘しておきたい。「実は僕、手にすごい手術跡があるんです」［▼6］と隈は、にわかに信じられない告白をしている。栄光学園の先輩・養老孟司に、その事件のことを語っている。

ガラスのテーブルに右手を置いたら、割れてしまって、そのときガラスで手首の内側をスパーッと切って、筋も神経も、動脈以外はみんな切れちゃった。救急病院にかつぎこまれたんですが、一回目の手術で筋を違うふうにくっつけられて、動かなくなってしまった。それでは具合が悪かったので、別の先生のところに行ったら、「これは人差し指と中指の腱をつなぎ間違えているよ」ということで、もう一回手術をして、つなぎ直してもらったんです。それでもリハビリをサボったので、あんまり直らなかったんですが……。［▼7］

その日、隈は、午後六時から始まる講演会の準備中であったが、スライドが上手く集まらず、イライラしていたらしい。リーンリーンと鳴っている電話を取ろうと、ガラステーブルに右手を突き、思い切り体重をかけた途端、ガラステーブルがスパーンと真っ二つに割れた。筋も神経もすべて、動脈以外は切れてしまった。突然、右手が消えたようであったと言う。追い打ちをかけるように、このガラステーブルは自ら制作した家具であり、誰の責任にもできなかった。この右手の大ケガを負った時期は、隈がコロンビア大学の客員研究員を務めた後、一九八六年に個人事務所を開設して間もない一九八九年のことだった。やはり建築家としての致命的な欠陥となったのだろうか。隈はこう言及している。

これからはスケッチをしないで設計しようと思った。スケッチには少し自信があったし、この右手は勝手にどんどん動いて形を自由につくり出してきた。そういう主体的、能動的な設計のやり方はもうやめてしまおう。[▼8]

テニスもゴルフもやめたが、隈はスケッチもやめたのである。

スケッチでかける事は限りがある。たかだか建築のシルエットをいじったり、おおざっぱな形態の操作をする事くらいしかできない。しかし、スケッチをかいているときには、それで建築のすべてを操作しているかに思えてくる。設計者が建築のすべてを主体的に自由に決定しているかの如き錯覚におぼれる。そういうたぐいの主体性、能動性の錯覚ほど恥ずかしいものはない。だからぼくも右手が動かなくなったついでにスケッチもやめた。[▼9]

望むと望まざるとにかかわらず、建築家が「一枚のスケッチ」を示し、それを所員が図面化するという方法は、隈には所詮不可能なことになった。その代わりに、右手が不自由になってしまった身体を、「敷地の上にどさっと置いて、置きざりにしてみるのである」[▼10]。「無防備にごろっと横になって、自分の身体だけを感じるように」[▼11]、隈は、耳を澄ましたり、目を凝らしたりする。すると、受動的存在となった身体は、右手が自由に動いていた頃よりもずっと今の方が、いろいろな音が聴こえ、物が見えてくるような感じがしたという。

しばらくじっと待ち続けているうちに、やがて「空間が立ち現れてくる」[▼12]ようになった。周りの環境に対して隈の感覚が鋭敏になっている。この時期に東京を出て、地方の建築に向かったのである。

「右手を使う事は、今後一切すべてあきらめようと思った。というか、実際のところ、あきらめざるをえなかった」[▼13]。ちょうどその頃、建築界はコンピュータ技術を導入した。

建築という分野において、コンピュータ技術が影響力を持つことは確かであるが、初めのうちは限定されたものであった。例えば、自らの手法をすでに確立していた建築家のなかには、手書きの図面からコンピュータの図面に移行することに躊躇する者が少なくなかった。「一枚のスケッチ」を自分流に描くことで、所員に指示を与えるタイプの建築家にとっては、自分の手は自由自在に動き、説得力のあるスケッチを描き出せるし、コンピュータ技術を新しく導入することはさしあたりメリットもなく、必ずしも実用的なことでもなかった。

その一方で、隈はコンピュータ支援設計（CAD）を使用した設計作業に対応している。建築界へのコンピュータ導入の初期段階から、隈の提案にはコンピュータによる図面表現が散見される。さらに通常のCADを使用するだけではなく、複雑な構造解析用のソフトウェアを隈事務所が使い始めた時期も、他の建築事務所よりはるかに早い時期からのことであった。右手に大ケガを負い、「スケッチをやめた」ことで、コンピュータ利用に能動的な隈の姿勢が見て取れる。

しかし厳密に言えば、隈はコンピュータを自ら操作するわけではない。コンピュータを使うのは所員の方である。隈は所員のスケッチを直したり、所員と何度も議論を重ねたりしながら設計に向かっているのである。

僕の事務所では、僕自身がコンピュータで何かの形態をデザインするのではなく、所員全員がコンピュータを使っています。だからと言って、全員にコンピュータを使うように強制するつもりはありませんが、いずれにしても、僕はケガしたおかげで、キーボードを打つのも苦労するので使いません。その代わりに、右手をケガした頃から、ほかのことを考えるようになりました。コンピュータが登場し、自分がほかのことを考えることに対して、都合良い言い訳ができたようです。

コンピュータと自分との間に適当な距離を保つことができるので、このやり方で良かったと思います。どんなやり方かと言うと、僕の事務所は、皆で話し合いながら、だんだんと物事を決めていきます。そのなかで皆のスケッチに修正を加えることもありますが、手が不自由でも、僕はそれぐらいのことは簡単にできます。

要するに、右手をケガしたことで、皆で話し合いながら、物事を決定していく方法に、より自信がついたということですね。[▼14]

この「ほかのことを考えるようになった」ことに関して、隈事務所の設計室長は、こんな体験を教えてくれた。

私の仕事のなかで最も印象的な体験は、隈が現場を確認する時のことです。例えば、東京の事務所で話し合う場合は、お金の算段などで、ややこしい話になり、時間がかかることもあります。

しかし、現場で「ここ、どうしましょうか?」と私が尋ねると、一瞬で隈は物事を決定していきます。現場では瞬時にわかるみたいなんです。隈の決断するスピードが物凄く速く、そばで見ていると面白くなるほどです。[▼15]

自分自身のプレーヤーとしての役割を含めて、隈は事務所を率いる監督として皆の最大限の力を引き出そうとしている。

2　建築を「編む」

〝アドベンチャー好み〟

二〇一〇年代に入ると隈事務所は二〇〇名以上の所員が属する大所帯となり、同時進行する国内外のプロジェクトの数が増えた。これらの国内外のプロジェクトを円滑に進めるために、隈は東京の事務所だけではなく、パリと北京と上海に事務所を開設した。平均して月に三回、海外の現場に行く。月に一回はヨーロッパに飛び、パリの事務所を拠点として、イタリアとスコットランドの現場に向かう。また月に一回は、中国の北京事務所と上海事務所を巡り歩き、さらにもう一回は、タイとインドネシア、あるいはアメリカ合衆国で関係者と打ち合わせを行うといった目まぐるしさだ。グローバルアーキテクトであれば、プライベートジェット機に自分のトレードマークをつけるかもしれない。しかし、プライベートジェット機からは見えない世界がある。

隈研吾は、からだ一つ手ぶらで国内外を飛び回る。所有しないことは隈における魂であると言えるほどだが、何も持たず、手ぶらであるのは、やはり特筆すべきことで、例えば、隈の旅行カバンは、ズダ袋のようなもの一つだけなのである。「しかも、自分の肩から掛けられるカバンしか持ちません。飛行機で移動するときは極端な乗り継ぎになるので、キャスター付きのカバンをコロコロと転がしていると全然間に合わないんです」[▼16]。隈によれば、「現場に顔を出し、打ち合わせをすることが大事なので、短期間でも現場に顔を出します。ただし、僕の詳細なスケジュールの調整は、事務所の皆に任せて」[▼17]いるという。そうでもしなければ、超多忙なスケジュールで仕事することができないのであろうが、まさに現場に身を投じている。

隈の中国出張に同行し、現地取材を敢行した撮影クルーからの報告は、それを如実に示すものであった。その中国出張では、こんなことが起こった。海南島三亜の打ち合わせが終わり、次の目的地の北京に移動するために、隈は最寄りの空港に到着した。ところが、搭乗する予定だったフライトが遅延しているらしい。その理由も今後の対応も知らされず、午後六時にターミナル内は騒然とした雰囲気に包まれた。待つほかない。明日も早朝からぎっしりと予定が詰まっている。結局、七時間もの間、搭乗口でひたすら待ち続けた後、午前一時に飛行機はようやく飛び立った。

こうした突発事態は、日本国内ではあまり起こりませんが、しかし、海外に行くと予期せぬ出来事がたびたび起こります。それにめげずに、「こんなに面白い体験ができた！」と逆に楽しめる人でなければ、海外では仕事ができません。建築をつくる過程では、予想外の事態がいくらでも起こるわけです。だから気分を切り替えて、過度にストレスがかからないようにしています。

一方で、そんな突発事態が起こると、「あの国は本当にひどい。とんでもない。もう二度とあそこで仕事したくない」と考える人もいます。けれども、ネガティヴな考えの人がつくる建築物は、人間を幸福にしてくれそうな気がしません。前向きな生き方をして、建築物をつくることは、人を元気づけると思います。[▼18]

こうした建築家としての隈研吾の姿勢に触れて、原広司は、次のように評している。

西アフリカで、物質が巧妙に建築を組み立て、共時的な世界を構築することが可能であることを確信したと思われるが、集落調査は、実はアドベンチャー、冒険であり、細心の注意を払わなければならない。隈は〝アドベンチャー好み〟である。今、彼は、世界各地で〝Tree Diagram〟を携えて、地理学的探査を続けている。そのトレースが数々の名作を生み出しているのである。

隈研吾は、ローカルアーキテクトでないことはもとより、グローバルアーキテクトでもなく、ワールドアーキテクトになろうとしている。そして私の予測では、その時までには、メンデレーエフの周期表は、量子力学のクオークやレプトンの新しい図表に置きかえられていると考えられる。[▼19]

隈の見解によれば、「いつもは弟子のことをあまりほめない恩師の原広司先生の展覧会評であった。『物質にかえろう』という僕のエッセイと、KKAAの全プロセスを俯瞰したtreeのdiagramが、美学の歴史に残ると原先生から評されて、今まで仕事をしてきたかいがあったと思った」［▼20］という。この原広司による隈研吾評については、章を跨いで、二つの方向から探りたいと思う。

一つの方向は、今も世界各地で隈は集落調査を続けながら、「そのトレースが数々の名作を生み出している」ことである。隈にとっては初めての本格的な海外体験となった、アフリカ集落調査を中心に話している。

もう一つは、それから約三〇年後のことになる。原によれば、隈は「ローカルアーキテクトでないことはもとより、グローバルアーキテクトでもなく、ワールドアーキテクトになろうとしている」という。こうした海外で活躍する二〇一〇年代の隈の仕事ぶりは、内容も盛りだくさんになることだし、最後の第7章で述べることにしよう。

原点は西アフリカの集落研究

まず、隈の考えでは、「一九七九年に原先生と僕と総勢六人で行った西アフリカのサハラ砂漠の集落調査の経験から、最近、自分のなかで重要な方向性になっているのは、建築を「編む」こと」[▼21]だという。

一九七九年の一二月から翌年の一月にかけて、東京大学の原広司研究室に在籍していた大学院生の隈は、アフリカ集落調査に出かけた。原教授と隈を含む大学院生、それに栄光学園の先輩で、都心の大学で教鞭を執る文化人類学の専門家が加わった。サハラ砂漠の南に広がる集落で目に留まった「コンパウンド」という共有の庭を取り囲む形式の小さな住居や、さらに南下した熱帯雨林のなかで発見した、草を編んだ風通しの良いスクリーンは、デザインするうえで着想の源泉となるほど、隈に強い影響力を与えている。

まず、北からアフリカへ入っていくと、サハラ砂漠があり、サハラ砂漠の周縁には、サヘルという地域があります。その先に、サバンナと呼ばれる地域がありますが、この辺りは、空気が乾燥しています。集落には、コンパウンド型という中庭を取り囲むように日干しレンガを積んだ小屋が並んでいます。原さんは、こちらに興味がありましたね。

しかし、僕の興味は、もっと南に下った熱帯雨林の近くで、日干しレンガの量が減り、木を並べたり、草を編んだり、籐を曲げたり、といった住居がだんだん増えてくる辺りでした。その場所に素材の美しさを感じ、非常に感激しました。

原さんは、空気が湿っているその辺りの集落に全然興味を示さず、サハラ砂漠の重い土壁の住居を好んだので、「原さんとは、僕は好みが違う」と、はっきりと認識しました。[▼22]

両者の意見が食い違ったようだが、原は隈の指導教官であるという立場を考えると、この意見の相違から、隈が自らの判断に自信を深めることは難しかったかもしれない。しかし、隈はゴットフリート・ゼンパーのアイデアに触れ、自らの判断が間違いではないことを確信した。左記の隈の発言は、この意味から理解できる。

> 僕はゼンパーを通して「編む」という言葉を理解したとき、自分の考えていたことが明確になり、これから先に自分がやりたいことはこれだと確信しました。
> 今までの建築は、基本的に、石を積む建築でした。石を積む建築をさらに突き詰め、コンクリートという素材に達しました。今までの建築はその系列に限られていましたが、しかし、自分のやりたいことがその系列だけではなかった。ゼンパーの著作を読み、さらに自分の考えが明確になりました。
> 一八五一年のロンドン万博で、ゼンパーが空間構成の仕事をしたとき、ヨーロッパ以外の諸地域の原始的住居を見て、「編む」という言葉を思いついたと言われています。ゼンパーは、建築というのは、「土の仕事」と「編む仕事」と「火の仕事」であると述べています。僕はゼンパーの「編む」という言葉を知り、「なぜ木や草を編んだ住居が僕の好みなのか？」という疑問が解消し、「なるほど！　そうだったのか」とわかりました。［▼23］

ゴットフリート・ゼンパーは、一九世紀中期ドイツを代表する建築家であり、また理論的著作によって近代建築論の成立に影響を与えた建築理論家でもある。ロンドン万国博覧会の空間構成に関わるためにロンドンへ渡るなかで、ゼンパーは『建築芸術の四要素』(一八五一年)などの理論的著作を発表した。この『建築芸術の四要素』によれば、「編んだ柵を非所有地から所有地を隔離するために用いたり、敷物としての筵や絨毯を日射しと寒気を遮断するために、また、住まい内部の空間を隔てるために用いることは、ほとんどの場合、特に気候的に恵まれたところでは、石積みの仕切壁にはるかに先立っていたのだ」[▼24]と考察する。

ゼンパーは建築の形式を問い直し、例えば「遊牧民のテント張りの屋根」に着目し、そのテント張りの屋根について、「この民族の帽子や靴にも同じ形式が見出される」と織物との共通性を述べている。建築の四要素を「炉、囲い、屋根、基壇」であると考え、それに結びついた素材と技術として、織物と織技術に重点を置き、独自の建築理論を展開した。

こうしたゼンパーの論点は、マルク=アントワーヌ・ロージェ神父の『建築試論』(一七五三年)に端を発した「原始の小屋」をめぐる議論のなかで考究したものである。ゼンパーは、ロージェ神父の普遍論争的な観念の優位性を認めず、実際の物に即して、分析的に思考している。

後年、建築史家のケネス・フランプトンは、『テクトニック・カルチャー』(一九九五年)のなかで、ゼンパーの建築理論を借用しつつ、「構法の詩学」という視点から二〇世紀建築を論じている。

この著作のなかでも、織物と織技術に着眼したゼンパーの『建築芸術の四要素』をしばしば引用しているのだが、隈は米国の客員研究員時代に、フランプトンからゼンパーに関する講義を受けたのかもしれない。それから二五年ほど経った後、今度はフランプトンが隈の建築物に興味を持ち、「隈研吾の反オブジェクト的建築」(『物質と建築』所収)という論文を発表したことは、時間の流れのなかで、偶然の出来事ではないだろう。

このように一貫して建築を「編む」ことに理解を深め、関心を高めるなかで、隈はこう話している。

自分の育った家が木造の家で、障子を張り、畳を敷くという質感でしたからね。コンクリートと鉄は、冷たく、かたく、その質感が自分の身体に馴染みません。ただし、そうは言っても、学生の頃は、やわらかな素材で建築ができるとは考えませんでした。いつか挑戦できるとさえ、ほとんど想像しなかった。

しかし、だんだん環境が変化しました。まず木造に挑戦し、次に和紙を試し、自分はやわらかな素材を扱えるかもしれない、とある種、自信がつきました。素材のやわらかさ、弱さに対して自信がついた。それは二〇〇〇年代のことです。その頃、ビエンナーレやトリエンナーレ、美術館などから、パヴィリオンの制作を依頼されることが多くなりました。やわらかな素材で建築をつくる実験は、パヴィリオン制作で行い、だんだん実験できるチャンスが

増え、自分自身がそちらの方へ向かっていきました。［▼25］

認識から存在へと橋を架けるには、失敗を続け、失敗から学び続ける努力が必要である。隈はこう振り返っている。

一九九〇年代に梼原の仕事をして、二〇〇〇年代に《竹の家》をつくり、その先に、小さな部材を組み合わせて、糸を編むという感じを発見したのが、ちょうど二〇一〇年のことです。僕は一〇年毎で、こんなに自分が変われるのかというほど、いろんなことを勉強できました。［▼26］

二〇一〇年には、六センチ角の小断面の材を組み合わせることで、木を「編む」ことを可視化した《GCプロソミュージアム・リサーチセンター》が完成しただけではなく、翌年、木を斜めに組み、奥行き四〇メートルもの長さをスギ材二〇〇〇本で編む《スターバックスコーヒー太宰府天満宮表参道店》が竣工した。

木を「編む」ことでは、太平洋を一望できる熱海のティールーム《コエダハウス（Coeda House）》（二〇一七年）は、八センチ角の棒状のヒバ材一五〇〇本を組み上げた一本の樹木のような建築物である。多数のヒバ材から一本の大きな幹をつくり、建築物を支える構造としている。さらに炭素繊維ロッドの補強によって、屋根は、大きく枝を張り出した形となっている。木を編むことをさらに繊維素材で補強し、「編む」を重ね、集落的な方法が現代の技術で生き返っている。したがって、《コエダハウス》には、柱も梁もない。建築物のなかにいるのだが、高台からの眺望を遮断してしまう構造体がない。まるで大きな樹木の下で休息しているような感覚で、海を望む特別なひとときを楽しめる。隈は《コエダハウス》をこう解説している。

僕は、自分の原点として西アフリカの集落調査があることから、ゼンパー的なるものに興味を持っています。ゼンパーは、ロンドン万博の空間構成を通して、世界中のいろいろな集落の住居に触れ、建築とは「編む」ことであると思い至るわけです。

ゼンパーの発想の原点となったのは世界の集落でした。「フレームが建築の基本である」というロージェに対して、ゼンパーは「フレームではなく、建築というのは全体をどう編むかである」と考えました。それは建築にとっては画期的なことです。なぜなら、ロージェ的なるものは、ある種のフレーム主義であり、近代主義であるのに対して、ゼンパー的なるものは、建築を「編む」ことを理論化しているからです。自分の中のもやもやしたところが整理されつつあると感じます。

木はさまざまな使い方がありますが、どちらかと言えば、ロージェ的なフレームとして使うことが一般的です。それに対して、《コエダハウス》では、木を編むことを構造とします。

Fig.51　《Coeda House》(2017)

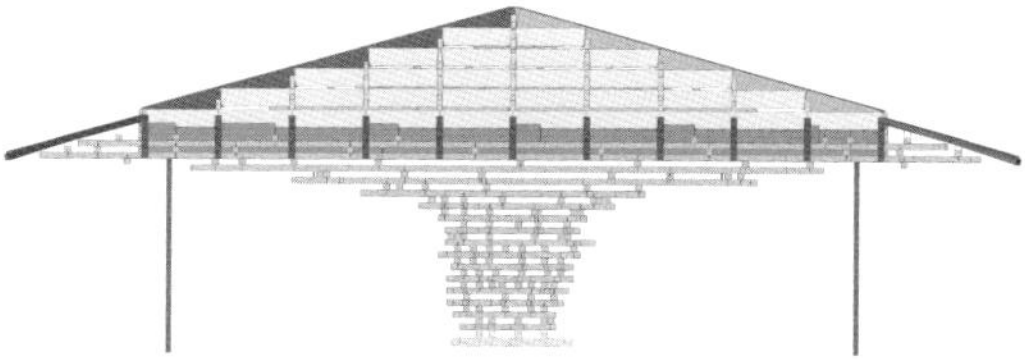

Fig.52　構造分析図

Fig.54　8cm角のヒバ材

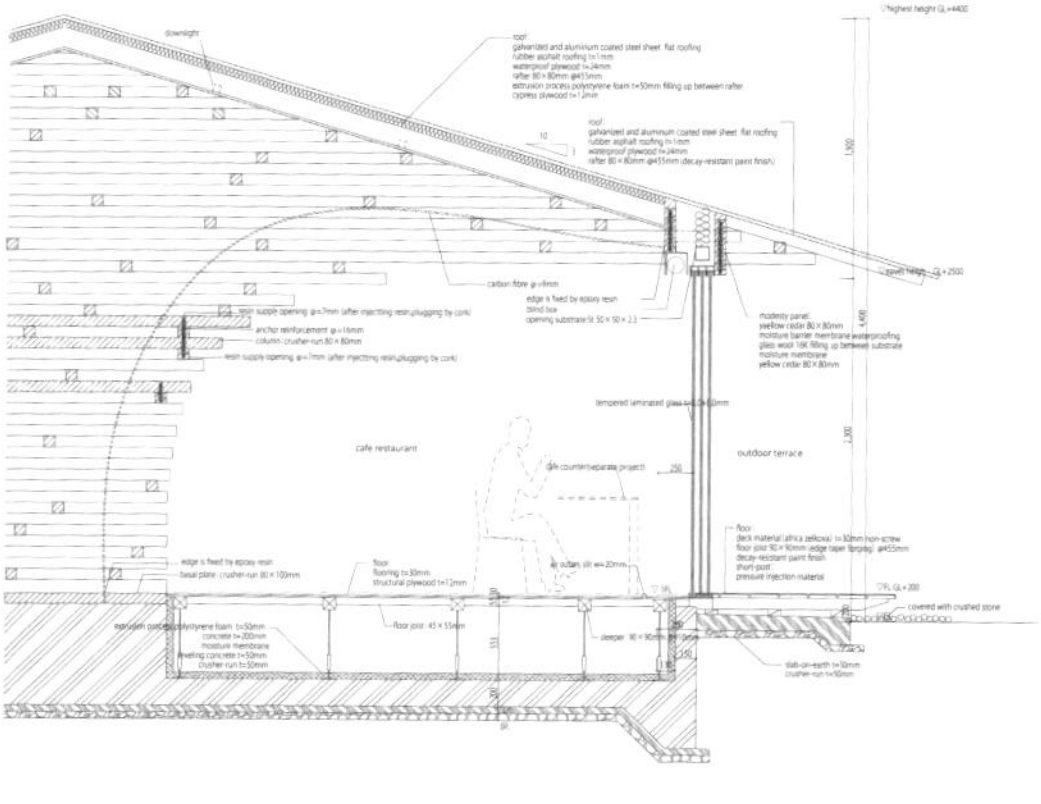

Fig.53　断面詳細

Fig.55　プリーツ加工した布の空調ダクト

Fig.56　布の照明バルーン

つまり、集落的な方法です。《コエダハウス》は、カーボンファイバーで上手く補強することで、細い木を編むという集落的な方法が復活しました。現代の技術で復活するわけです。［▼27］

こうした現代の技術で復活させる動きは、建築を「編む」ことに向かう原動力となっている。最近は、繊維業界からも建築に接近し、建築の枠組みを広げる可能性を持つ材料が、実際に使われる機会が増えてきた。例えば、小松精練（現・小松マテーレ）ファブリック・ラボラトリー《ファーボ》では、空調ダクトとして、プリーツ加工した筒状の布を使っている。心地良い布による空調設備となり、繊維製のダクトから冷気と暖気を送る仕組みになっている。やわらかな布で織られている工事現場の照明バルーンがそれを引き立てている。

また、この《ファーボ》では、耐震補強として炭素繊維を採用した。炭素繊維は、織ること自体で構造体としての強度が増す。文字通り、建築を「編む」ことになる材料である。

素材の開発から関わる

ファブリック・ラボラトリー《ファーボ》をよく見ると、旧本社ビルは、二〇世紀的なコンクリートの柱と梁のラーメン構造である。この旧本社ビルの耐震補強として、繊細なドレープが立体的に波打つように、炭素繊維ロッドをぴんと張ることで、旧本社ビルが支えられている。屋上のペントハウスとパラペットから地面に至るまで、炭素繊維の線材が、鉄筋コンクリート造の旧本社ビルを引っ張ることで、地震から守っている。《ファーボ》は、建築物を炭素繊維で耐震補強した世界で初めての例である。

試行錯誤しながらスタディし、構造設計家の江尻憲泰と隈は議論を重ねるうちに、《ファーボ》では、従来のようにコンクリートの柱と梁に鉄のブレースをかけて耐震補強するのではなく、アウトドアで使用するテントと同じ仕組みで、外から補強し、建築物を地面から炭素繊維で引っ張るという型破りなアイデアが実現することになった。ここには、ロージェ的なフレーム主義と、ゼンパー的な織技術との関係がはっきりと表出している。

炭素繊維は、鉄と比べると、強く、軽く、錆びない利点があり、旅客機の機体やスポーツカー、釣り竿などに用いられ、なかでも航空工学分野では材料としての需要が高い。日本企業が技術改良を重ね、市場を開拓した先端材料であり、東レ、帝人、三菱レイヨンの大手三社で世界シェアの六割以上を占めている。

Fig.57　建物を引っ張るカーボンファイバー

Fig.58　日本海を望む屋上の緑化

こうした状況下で、石川県にある繊維会社「小松精練」(現「小松マテーレ」)は、炭素繊維に熱可塑性の特性を与え、新建材として製品化した。炭素繊維はすでに板の形状として旅客機の機体などに使われていたが、板の形状ではなく、繊維の形状として、本来の性質を引き出すことを追求し、「カボコーマ・ストランドロッド」という名で製品化した。

この炭素繊維ロッドは直径九ミリほどである。二〇数本の炭素繊維を、組紐の技術によって樹脂で覆い、七本まとめて組むことで強度を高めている。石川県能登半島の伝統工芸である組紐の技術を活用している。約一六〇メートルで一二キロと軽量のため、この炭素繊維ロッドは人の手で持ち運べるし、ロール状に巻き取ることができる。同等の強度を持つメタルワイヤーの五分の一の重量しかない。

ところが、このように軽く強く、優れた素材であったが、この炭素繊維ロッドは、なかなか建材の認可が下りなかった。例外的に、既存の建築物を補強する場合に限り、炭素繊維ロッドの使用が認められた。小松によれば、建築業界に進出してわかったことは、異業種の繊維メーカーが開発した新建材は、内容が充実しているとしても、それが認可されるためには手続きなどに相当時間がかかるということであった。さらにそれ以上に困ったことは、この前例のない素材にチャレンジするという設計者がまったく見当たらなかったことである。

「「先例がないのだから、無理です」と何回も断られ、この炭素繊維ロッドは建築業界から見向きもされませんでした。しかし、隈さんだけは小松精練の新素材に興味を示してくれました」と関係者は明かす。「「これからの建築業界ではもっと新素材の可能性を広げていくべきだ」と隈さんは語り、われわれの想いに賛同してくれました。そして、約四年間の構想を経て、小松精練の本社ビルのリノベーションがスタートしたのです」[▼28]。それが、一九六八年に建てられた本社ビルの耐震補強工事を行い、二〇一五年に展示施設として改修したファブリック・ラボラトリー《ファーボ》である。

Fig.59　ファブリック・ラボラトリー《ファーボ》

　外のドレープ状の耐震補強だけではなく、《ファーボ》の内壁は、炭素繊維の線材をクロスさせて細かく入れていくことで、メッシュ状に透ける耐震壁が、まさに内壁の織物となっている。こうした炭素繊維は編むことで引張材として強くなる性質を持つが、むしろ強すぎる炭素繊維の強度と、鉄筋コンクリート造の旧本社ビルのそれとの調和を取るために、構造設計から新しい提案として、炭素繊維ロッドと一体化した小さな接合パーツをデザインした。さらに、その接合パーツと炭素繊維ロッドとを結ぶために、接着剤までも考案している。これらによって、心地良い弾力性のある耐震壁をつくり出し、従来のデザインを刷新した。

隈流コンピュータの使い方

こうした炭素繊維ロッドのスクリーンは、一本の線が集まることで、ドレープ状の面となることから、コンピュータ解析による綿密な構造計算が必要となる。「そのデザインにどのようにコンピュータは関わるのか」と問うと、隈はこう応じた。

最近一〇年ほど、細かなものを組み合わせた建築物をつくることがありますが、この組み合わせ方を考えるときはコンピュータを使います。例えば、《スターバックスコーヒー太宰府天満宮表参道店》では、小さな部材の接点と接点との距離をどれくらいにするかということに無限の可能性があるわけです。接点と接点を八〇センチにするか、もしくは八十五センチにするか、それによって全体がどうなるか、部材数がどれぐらいかのすべてに無限の可能性があります。それをコンピュータでスタディします。

《ファーボ》においても、糸と糸との間隔をどれくらいにするか、角度をどうするかをコンピュータでスタディしました。このように、小さなユニットを集めて、大きな雲状の全体をつくるスタディに、コンピュータを使います。

普通、コンピュータを使うというと、有機的な形態をつくったり、カーブを生み出したりする目的だと思われています。例えば、あの有機的なカーブのザハの建築は、コンピュータのパラメトリックデザインの産物であると考えるわけです。

しかし、僕の場合、外観というよりもむしろ、その内部を構成する粒子の寸法と密度をスタディするためにコンピュータを使います。ザハのようなシルエット的な使い方と、僕の方法である粒子のスタディとは対極的です。コンピュータの使い方がまったく違います。[▼29]

Fig.60　糸と糸の距離、角度をコンピュータでスタディする

商品を形づくる工業化時代の産物は、二〇世紀終わりに単体化が進行して、流線形のカーブや曲面を持つぐにゃぐにゃとした形態を表現しながら、どこにでも建つようになった。それらのデザインは、見た目の形としては、新幹線や飛行機などの流線形を連想させるかもしれない。疾走するスピード感を与えるかもしれない。しかし結局のところ、建築物なのである。

ロンドン大学バートレット校で教鞭を執るマリオ・

カルポ教授は、近年のコンピュテーショナルデザインの潮流を中世・ルネサンス期からの技術史によって把握した先駆的研究で知られるが、隈とカルポ教授との対談によれば、これらのデジタルデザインの第一世代による「カーブ信仰は、工業化社会の流線形信仰の残滓」[▼30]であるという。なるほどと思える見解である。それに加えて、これらの造形が可能となるのは、コンクリートの可塑性の高さによってである場合が多い。《ファーボ》のドレープ状のスクリーンは、こうした安易なコンクリートとの接合を切り離す。コンクリートの可塑性に粘着することなく、繊維自体がむしろ鉄筋コンクリート造を支える役割を果たす。つまり、建築は、コンクリートの重く固いもろさとは対極的なやわらかさを獲得したということである。

また、隈とカルポ教授との対談によれば、隈建築においては、「小ユニットの集合がコンピュテーショナルデザインの産物であり、パーティクルとコンピュータという二つのものの仲介をするのは、小ユニットの接合の技を長い時間をかけて磨いてきたクラフトマンシップである」[▼31]という。これは鋭い指摘である。例えば、炭素繊維という素材から見ると、隈は、東京大学の最先端デザイン研究プロジェクト(T_ADS)に触れるなかで、ドイツのシュトゥットガルト大学コンピュテーショナルデザイン研究所(ICD/ITKE)による炭素繊維パヴィリオンとの違いをこう説明している。

シュトゥットガルト大学のアキム・メンゲスは才能ある人だと思うし、彼らが取り組んでいるパヴィリオンは、実際に見せてもらい、カーボンファイバーとグラスファイバーを使いながら、繊維が自立するという見応えある建築でした。シュトゥットガルト大学は、周辺にベンツ社などの工場を含む自動車工業の町にあります。彼らにとってはロボットが大きな関心の的です。ロボットの非人間的なスピードがパヴィリオンの造形となります。ロボットが強引に細部にわたり繊維を編んでいきます。

一方で、東京大学のT_ADSが始めたことは、アキム・メンゲスのように、強引にロボットを使うことではありません。東京大学のT_ADSは、人間の手を使うことを上手く生かしたところが面白いのです。［▼32］

ICD/ITKEは、近年、炭素繊維（カーボンファイバー）を構造体とする実験的なパヴィリオンを次々と発表している。このパヴィリオンをつくるための道具となるのは、自動車を製造するために作動する「KUKA」というロボットアームである。シュトゥットガルトは、ダイムラー社やポルシェ社などのドイツの自動車産業の本社ビルが建ち並ぶ工業都市である。自動車製造用の「KUKA」のロボットアームを本体として、糸を紡ぎ出す部品をロボットアームの先端に取り付け、同研究所はパヴィリオンをつくり上げている。

同研究所の所長アキム・メンゲス教授は、このロボットアームで炭素繊維を編んだパヴィリオンに言及し、「これまでにない、まったく新しい技術である。ロボットが繊維を編むことで建築物ができ上がるとは、もはや第四次産業革命である」［▼33］と意気込みをこちらに伝えている。しかし、これは大げさな表現であるし、誇張した言い方である。というのも、一例を挙げると、自動車産業用のロボットアームによる道具を動かすために、同研究所はコンピュータのプログラムを書いているが、しかしコンピュータ産業をめぐる知的所有権の問題に、同研究所のプログラムが足を踏み入れているわけではないし、むしろ商業用ソフトウェアの開発戦略は、巨大企業の独占的支配体制となり、その波が建築界に押し寄せているからである。にもかかわらず、それに従属しながら、「第四次産業革命」であると宣言するのは、あまりにも機械に対するエクストリーム擁護である。

このように先端材料が新登場し、優れた性質を持つからといって、それを「革命」であると考えることは、これから先の建築を狭い定義に限定していくことになるだろう。弱肉強食の世界のなかで殴り合う状態では、前へ進むことができない。システムに依存して、「強引であり、非人間的なスピードである」ことは、観念優先型のモデルである。日常の機械化を優先し、人間の充実した生活が疎外されている。

そうではなく、一歩ずつ前へ進むことである。二〇一〇年代になると、建築を「編む」という技術的な経験を積んだことで、隈は、ようやくこれまでの建築物にはあり得ないようなやわらかさをつくり出すことが可能になった。このことは、集落的な方法を現代の技術で復活させる行為となり、隈の衣服的存在がはっきりと出現するにあたって、それを確かなものとしている。

そこで、もう一歩踏み込んで、「編む」という動詞のルーツを探ってみると、自らの育った戦前木造平屋の質感とともに、草を編んだスクリーンが浮上してくる。アフリカ集落の調査中、サハラ砂漠からさらに南に下った熱帯雨林の近くで、湿った場所に点在する草を編んだスクリーンのどこに魅力を感じたのだろうか。

光の入り方です。光が入ると、素材にどのような影がつくのか。素材と光が一体となり、何かしてくれるという感じがあります。

逆に、日干しレンガを積んだ壁は、光を通さないし、光を押し返してしまう。その壁で囲まれた空間は暗い。壁に囲まれた真っ暗な空間に身を置くのは、非常に辛いものです。それとは違い、草を編んだスクリーンは、ホッとした感じがあります。［▼34］

「ホッとした感じ」が指し示すように、この草を編んだ風通しの良いスクリーンは、自然素材の質感と光が生み出す影との調和が取れた衣服的なるものの源流である。

過酷な状況に陥ったとき

その一方で、『建築試論』の挿絵となるロージェ神父の「原始の小屋」は、垂直に立つ柱と水平に横たわる梁に、屋根となるペディメントが載る。ヘーゲルによれば、ペディメントの三角形は、人間の限界を示すらしいが、その一つを示す目的で、ゼンパーが提唱した建築を「編む」ことを考えてみると、現代社会は、大地震と津波から引き起こされた、福島原発事故による甚大な被害からも明らかなように、ほんの一瞬の油断がすべてを台無しにしてしまう高度な技術がブラックボックス化していることで、常に不安な状態を抱えている。それを少しでも解消しようと、馴染みのある「編む」という技術を提案することで、人間が望んでいるのは、安心感を得ることなのかもしれない。建築を「編む」ことは身近であるし、目に見える技術として存在している。隈はこう述べている。

人間の転機には科学技術の進化があると言われるが、実はそうではなく、人間が変わるきっかけになるのは、本当に過酷な状況に陥った時である。一八世紀のリスボン地震でヨーロッパ社会が変わったし、シカゴの大火はアメリカ躍進の最たる要因になった。[▼35]

さらに日本ではどうか。

日本では、一九二三年の関東大震災で一〇万もの人が亡くなった。その教訓から木造の都市が弱いということを認知し、建築基準法を変えるきっかけとし、燃えない建築をつくろうとした。木造建築から頑丈な鉄筋コンクリートへの転換という判断は、当時は正しかったのだろう。しかし、現代の状況を考えると、地域性を大事にしてきたそれまでの営みをひっくり返すことになっている。コンクリートによって建築そのものが強くなったとしても、「場所」を選ばなければ結局は意味がない。東日本大震災はそういったことも教えてくれるのではないか。[▼36]

日本では二〇一一年に三・一一の大地震と津波による原発事故が発生した。深刻な被害を受けたことで建築は転機を迎えたと語る人も少なくない。この過酷な状況における建築家の対処法は、個別的なものであるから、そこから得た教訓が、建築家に個性を与えることになる。二〇一〇年代になると、隈においては、集落的なものをいよいよ見直す時期が訪れていたのである。

それと同時に、こうした科学技術の進化のなかにコンピュータ技術を見るとき、一九九〇年後半にインターネットの商用化が進行し、世界が一つにつながったように錯覚し、その肯定的な側面だけが広がった時代とは異なり、近年はネット産業の市場拡大がむしろ世界の各国を分断する要因の一つともなっている。成長・拡大路線に対する反省の時代が始まっている。その時代に社会的役割を持つ現在進行形としての技術とは何か。

時を移さずに実例を見ていこう。

3 自然素材の劣化していく美しさ――《アオーレ長岡》と《新国立競技場》

『負ける建築』という方法論

『負ける建築』という本で、僕は上の世代の〝勝つ建築〟を批判しました。例えば、黒川紀章さんや磯崎新さんなどに示されている、いわゆる〝勝つ建築〟を批判しました。けれども、負ければいいというわけではないし、どんな負け方をするかは非常に重要なことだと考えています。「この人の負け方はカッコいい」とか、「その人なりの負け方が芸になっている」とかいうのが大事です。

それを考え始めたのは、《中国美術学院・民芸博物館》が始まりではなく、二〇〇〇年代半ばからのことです。その頃、海外のプロジェクトが増えていました。自分の仕事が日本のプロジェクトに限られていたときは、実は、ただ単純に負ければいいとすら考えていました。例えば、地面の中に建築物を埋めればいいとかです。

しかし、海外のプロジェクトを始め、考えが変わり始めました。というのは、海外からわざわざ僕を呼ぶわけですから、僕を呼ぶ理由は、ただ単純に負けるからというよりも、「どんな負け方をするか」という隈流の負け方があるからだと思い始めたのです。そんなふうに考えが変わったのは、フランスの設計コンペを通してパリに事務所を開設した頃からですね。この負け方は、しっかりとキャラが立たなければならないわけです。［▼37］

二〇〇七年に《ブザンソン芸術文化センター》で国際設計コンペに勝利した頃から、実のところ、隈事務所では、地面に建築物を埋め、「消す」というアプローチを乗り越えなければならない、と議論を始めていた。その議論のなかで、いくつかの方法が浮かび上がってきた。こうした『負ける建築』から生まれた「負け方」は、隈建築の可能性を示した方法である。その一つは、建築を「編む」ことであったが、また一つは、自然素材が劣化することの美しさである。これから、そちらを追ってみよう。

駅前広場になった市役所

隈によれば、《アオーレ長岡》（二〇一二年）は、「反ハコ、反コンクリートの集大成みたいな建築である」［▼38］という。ハコモノ建築が裏返しになっている。

《アオーレ長岡》は、屋根付き広場「ナカドマ」を中心に、アリーナ、市民交流ホール、市役所、議場などの機能を持つ公共建築である。例えば、この議場は、市民が集まる「ナカドマ」に面して、一階に配置されている。市民が活動する傍らで、市役所の業務を行い、議会を開く。しかも、この議場はガラス張りになっている。そのことからも、この公共建築の設計意図が垣間見えるのだが、屋根付きの大きな広場「ナカドマ」は、これらの建物に囲まれた《アオーレ長岡》の中心的存在であり、市民が集い、語り合い、さまざまな活動ができる空間である。屋根が付くので、天候を心配することなく、誰もが気軽に立ち寄れるし、二四時間開放している。

シンボルマークの「千鳥」にちなみ、「アオーレが目指したものは群れて飛ぶ鳥のような開かれた建築です。ネットワーク型なので市役所という鳥が長岡のいろいろな場所を飛びかっています。この鳥は空間的にも開かれているし、時間的にも開かれています」［▼39］と隈は語る。この《アオーレ長岡》はどのようにコンクリートの箱を批判しているのか。そして、時間的に開かれている建築とは何を意味するのか。

日本では、経済成長の時代とともに拡大していく公共建築は、町外れのだだ広い土地に移った。徒歩でその建物に市民が出かけるのは大変なので、自動車を利用する市民のために駐車場を併設する。田んぼを取りつぶし、巨大な駐車場を整備して、コンクリートの箱をつくるという公共建築のつくり方が日本全国で展開した。こうした町外れには、公共建築だけではなく、大型ショッピングセンターが増え始め、かつての商店街はシャッターを下ろし、町の中心部は空洞化して廃れてしまった。

長岡市も例外ではなく、郊外にあった旧本庁舎はさまざまな問題を抱えていた。三度の市町村合併に加えて、二〇〇四年に発生した新潟県中越地震で被害を受け、二〇〇七年に最終的に市庁舎の機能を町の中心部に戻す目的で設計コンペを開催した。この設計コンペによって、まちなか型の公共サービスの核となる施設をつくり、多くの市民が集まり利用しやすくすることは、建設を主導した当時の長岡市長の積年の思いであり、隈の提案が選ばれた。

新しい敷地は、町の中心部に位置したＪＲ長岡駅前である。隈からの提案は、建物を周りの敷地境界線ぎりぎりまで寄せ、隣地の建物にぴったり近づけて、ほとんど同じ高さとすることで、

Fig.61　《アオーレ長岡》一階にある議場

Fig.62　柿渋染め栃尾紬による市役所の窓口カウンター

どこからも外観が見えなくなる建物である。外観をなくす代わりに、敷地の真ん中に可能な限り大きな屋根付き広場「ナカドマ」を提案した。「アオーレ長岡では外観をなくす代わりに、大きな中庭を作って、そこに「見えないぬくもり」を実現することが、僕らの挑戦でした」と隈は明らかにしている。「写真に写らないぬくもり、映像に映せないぬくもりというものを作りたいと思ったのです。具体的には、市庁舎という大きな空間の中に、内臓のような「土間」を設けました」[▼40]。

この「ナカドマ」で隈が試みたことは、「ハコの反転」[▼41]であるという。

それを考えるときにわかりやすい事例が、《ポートランド日本庭園》(二〇一七年)である。米国オレゴン州ポートランドのワシントンパークにある日本庭園は、「日本国外に造園したなかでも最も美しく本格的な日本庭園」として知られ、日本庭園の様式に限定することなく、周りの森も含め、連続的にデザインしている。オレゴンの森のなかでは自生する苔が育ち、背の高いモミの木が茂る。その森との関係を断絶することなく、日本庭園が形づくられるというユニークな庭園である。

この日本庭園の拡張計画を隈が行い、講習会を開く会場やカフェ、日本文化の振興を図る教育センターなどの複合的な文化施設を設けた。歩き回れる空間が連続して、小ぶりな親近感のあるスケールが新たに生まれている。この拡張計画では、いくつかの建築物を伝統木造に則った分棟として配置している。各棟は草屋根を二階にかけ、草屋根には小松の緑化基盤「グリーンビズ」

を採用し、苔に近い植物で屋根を覆った。草屋根は、背後の森に溶け込んでいると同時に、それぞれの棟はすべて庇を深く出し、真ん中の広場を囲んでいる。その広場を隈はこう表現した。

オープニングの日は、あいにくの雨降りでした。そのため、真ん中の広場には誰一人いません。どこに人がいるのだろうと気にかかり、辺りを眺め渡すと、いつの間にか、真ん中の広場を取り囲むように置いた草屋根の庇の下に、雨宿りしている人たちの姿が見えました。たくさんの人たちが、それぞれの草屋根の庇の下に集まり、雨宿りしている姿を見て、何となく一体感のある公共空間が生じていると手応えを感じました。［▼42］

Fig.63 《ポートランド日本庭園》 モミの木と広場

異なる人種が集まり、多様な文化を理解する手段は、身体的なものなのである。《ポートランド日本庭園》の責任者スティーブン・ブルームは、こう話している。

庭は単に存在するだけでは、本当の意味で、庭になることはできません。そこには植物と水と石があるだけです。庭は、人が経験して初めて、その人にとって特別なもの、かけがえのない存在になるのです。庭を通して人が何かを経験する。自分とのつながりをつくるということです。[▼43]

環境と主体との間に境界線を引き、両者の関係を断ち切ることは庭の定義であるとは言えないように、コンクリートの箱がどれほど完璧な作品であっても、地域の文化を受け継ぐ人が活動する場所から遠く外れて、コンクリートの箱が存在していることは観念的でさえある。それに対して、《アオーレ長岡》は完璧な作品ではなく、その場所に人がいることで初めて成り立つ建築である。地元の人が豊かになる経験によって、箱は、人がいる場所に開かれる。

どのように空間的に開かれているだろうか。

この「ナカドマ」の地面は、農家の土間に用いられる昔ながらのタタキの方法で仕上げられ、市民のコミュニケーションの舞台となる。コンクリートの箱の代わりに、地面は、土を固めた暖かな材料でつくられている。屋根は太陽光パネルを載せ、環境負荷を軽減している。

壁や天井では、あえて皮を残し、わざと節のある越後スギを選び、木のパネルを制作した。この木のパネルとなる地元産の越後スギの間伐材は、《アオーレ長岡》から一五キロ圏内で採れたものである。木の板幅の寸法さえもランダムにしたのは、市民になるべく木として感じてもらうための工夫である。越後スギからつくられた木のパネルは、屛風状に拡散したり、ナカドマの天井を巡ったりしながら、千鳥状に、パラパラと取り付けられている。

これらの気取りなさのおかげで、「ナカドマ」に親密な居心地良い雰囲気が生まれている。それと同時に、木の具象性を和らげているのは、光によってガラスに木が映り込む「鏡」の効果である。木の粒は、光の粒のなかで踊っているし、抽象性を獲得している。

この《アオーレ長岡》は評判が良く、オープン以来の四年間でなんと五〇〇万人以上が訪れた。長岡市は人口二八万人ほどの町なので、この人数は桁外れである。毎年恒例の平和を祈願する花火大会を見学しがてら立ち寄る人たちも多いが、この屋根付き広場「ナカドマ」は、宿題をする中学生、高校生や、おしゃべり好きなおじいちゃん、元気なおばあちゃんが常連となり、イベントに参加する老若男女が入れ替わりやって来る。どうやら地元の人たちは《アオーレ長岡》を積極的に受容しているようだ。

市民に開かれたスタジアム

このように空間的に開かれていることを確認してきたが、それでは、「時間的にも開かれている」建築とは何か。

例えば、こうした屋根付き広場が敷地の中心に位置することは、空間的に開かれている建築を意味している。これによって、「見えないぬくもり」を実現するという目的は達成しただろうか。ところが、隈からの提案は、屋根付き広場を設けることでは止まらない。功利主義者であるなら、理解するのは難しいかもしれないが、建築物のなかでも、人が接する部分は、手間のかかる作業になるとしても、可能な限り自然素材からつくられているのである。しかも、それは地元の越後スギである。

耐震や防災を考えるとコンクリートと鉄も必要であるが、しかしそれだけではなく、《アオーレ長岡》では、人と鉄骨トラスとの間を、地元の素材が結びつけている。なぜ、人と鉄骨トラスとを結ぶのが布のように、やわらかな自然素材の越後スギなのだろうか。

木は、その場所にある土で育ち、その場所と密接に結びつくという特性を持つ。「よそ者」である新しい建築物と地元の人たちとをつなぎ、「よそ者」を「身内」にする役割を果たすのが木という素材である。それゆえ《アオーレ長岡》も、新しい建築物に地元の人たちが愛着を持つことに対して、木という素材が積極的に働きかけるであろう。とはいえ具体的に、木の建築はどの

Fig.64 《アオーレ長岡》 ナカドマ 越後スギのパネル

ような力を発揮しているのか。

一つに、木の建築に人が親しみを感じる原因には、木材は、半分生きているし、半分死んでいるという状態がある。木の建築は、木材を使うからとはいえ、木の死体というわけではない。例えば、木材がいい匂いを発する現象は、木の寿命の長さを表している。古寺の柱の表面をカンナで削ると、樹齢一〇〇〇年ほどのヒノキの柱からは、伐採後一〇〇〇年以上の時間が経過しているにもかかわらず、ヒノキ特有の匂いが漂うという。

「木材というのは木の死体でもありますが、完全に死んでいるわけではありません。温度や湿度によって、微妙に変化し、動きもします。いい匂いも出ています」[▼44]と隈は説明している。温度や湿度によって、木の建築は、微妙に変化する。木という素材は、時間の流れとともに変わり続けるのである。それに加えて、木の建築は、手直しを続けながら存在している。もしある部分に傷ができたとしても、その傷ついた部分だけでも取り替えられるので、木の建築は、気楽に手直しができるという特徴がある。

これとは逆に、コンクリートは、ドロドロとしたものが一瞬で固まってしまう。一度固まってしまうと、コンクリートの箱は、手軽に直すことができない。そのうえ、その箱は永遠に長持ちするわけではない。隈によれば、「コンクリートは、建物が永遠に長持ちするように見えてしまいます。しかしそれは幻想で、あるとき突然、中身がぼろぼろになっていることに気づく」[▼45]という。気づいたときにはもう取り返しがつかなくなり、ゼロか一〇〇パーセントかで壊すほかないし、不法投棄は免れないかもしれない。

そして、コンクリートの箱という時間のなかでは、新しさが最高の状態なのである。これは、もう一つの木の建築との違いである。

モダニズム建築は、でき上がった時点が最高の状態であり、あとは劣化していくという時間の概念を持っています。このモダニズム建築の持つ時間の概念、あるいは哲学に対して、これからの建築は、でき上がった時点よりも後になると、逆に良くなるという建築であると僕は思います。

モダニズム以前の建築は、例えば、石積み建築は、でき上がった時点よりも後の方が魅力を放つし、奥深さが滲み出ています。そのように、時間が経つと、どんどん良くなるという時間の概念を持ち、これからの工業化社会以降の人間は生きていくことになる。

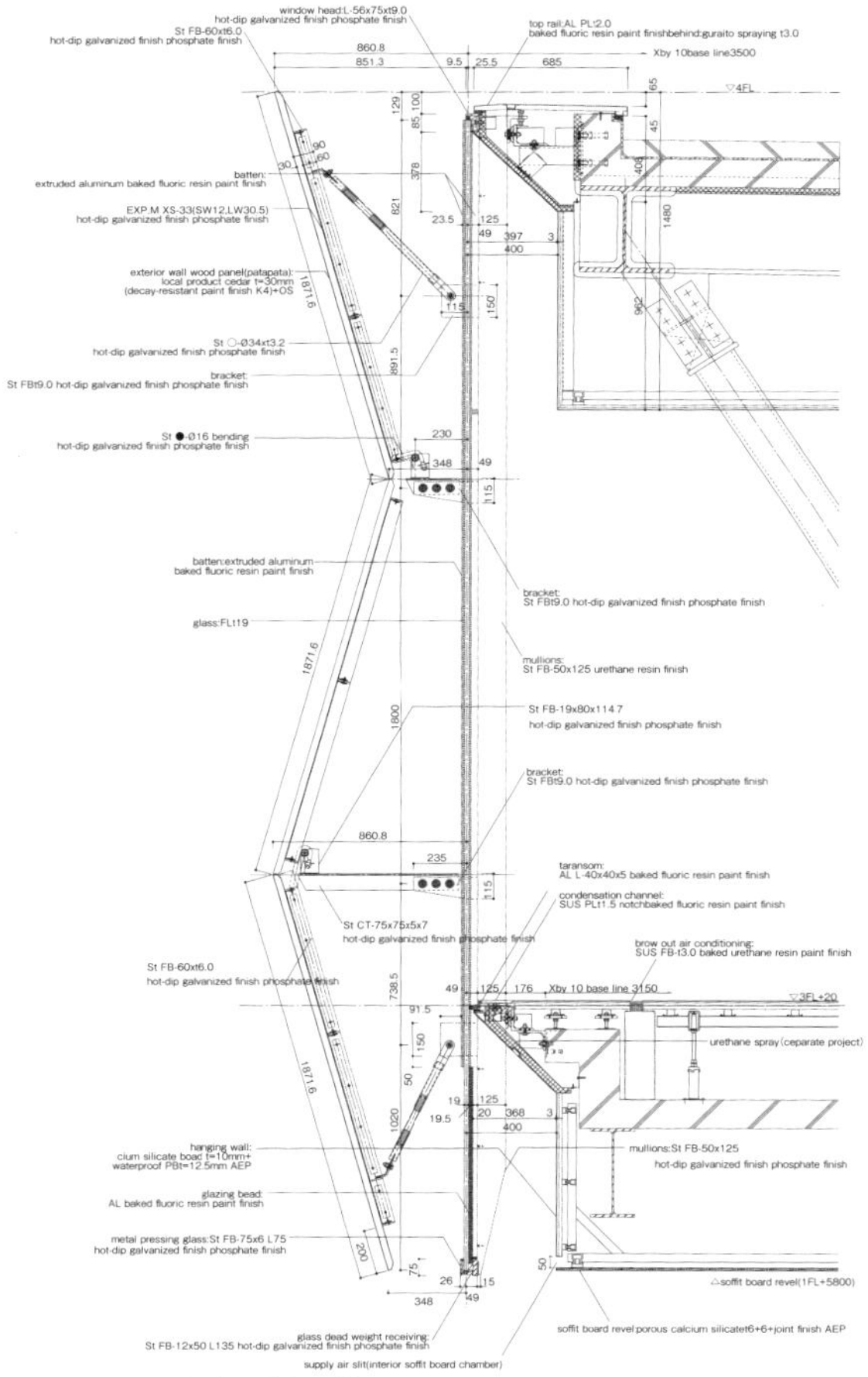

Fig.65 《アオーレ長岡》 越後スギのパネル 断面詳細

工業化社会は、基本的に、商品の世界です。商品は、出来立てが一番素晴らしいし、新品が最高だし、時間が経てば経つほど、どんどん劣化していく。それが商品という存在です。しかし、これからの人間は、歳を取るほど良くなるという生き方をするでしょう。少子高齢化社会の時間の概念は、エイジングを善きものとする概念です。その先駆けとなる建築でありたいのです。[▼46]

それこそが、隈建築において、鉄、ガラス、コンクリートという二〇世紀の建築技術を最小限にして、周りの環境から影響を受けやすい、人が手を触れる部分は、自然素材でつくることの理由なのである。つまり、こうした自然素材の表現は、建築物の骨格を覆うことによって、建築物の商品価値を高めてくれる表層ではなく、人の皮膚を包み込み、人の身を守る衣服的存在なのである。そのことは、商品の世界では、自然素材というのは、時間が経てば経つほど劣化していくことで価値が下がる、と判断されることからも明らかである。

しかし、実は、コンクリートの箱で固まる時間とは異なり、木などの自然素材は、一〇〇年、二〇〇年の時間をかけて変化することで、建築物は魅力を放つのだ。《アオーレ長岡》をよく知る人は、「竣工直後よりも六年ほど経った今の方がずっと、越後スギのパネルが豊かな表情を見せている」と教えてくれた。それが「建築」において「衣服的であり、音楽的でありたい」[▼47]というデザインである。隈はこのように述べている。

二〇世紀の社会は、劣化するものを受け入れませんでした。今でもよく覚えていますが、あの頃は、インテリアであっても「木を使わないでください」と申し入れがありました。確かに、インテリアでも、木材は劣化するとは言えるのですが、内装に「本物の木を使うのではなく、木目調の模様を印刷した塩ビ製のダイノックシートを貼ってください」と言われました。つまり、建物に木を使うとき、わずかでも劣化すると「欠陥品である」という思考に日本人が染まっていたわけです。

しかし今、逆に、「木は傷ができたことで、より良くなった」と考える人が世の中にだんだん増えています。だから、僕のこの考えを、社会が受け入れてくれると思うのです。

これは負け方の一つです。木が劣化するというのですから、まさに負け方の一つです。この負け方は、美しく負けることです。美しく負けることを僕はねらっています。[▼48]

自然素材は劣化していく美しさがある。しかし、これは快・不快の問題ではない。なぜなら、「木は傷ができたことで、より良くなった」と人が考えることには、もちろん木の建築は手直しできるという柔軟さが挙げられるが、それだけではなく、その背後に「継承性」というものがあるからだ。それゆえに、これから先の建築として、隈がここに明示することができるのである。それはコンクリートによって切断された時間を、もう一度、つなぎ直していく作業である。「今、僕が手掛けている建築は、僕の死後も続いていくものです」［▼49］と隈は語り、こう続けている。

ヨーロッパにおいて建築というものは、一〇〇年、二〇〇年は当然持つものだという前提があります。都市なら都市、村なら村と、それぞれ継続性のある舞台があって、人は死んでも舞台だけは残り、長い時間にわたって存在し続ける。その舞台の上で、自分という役者がこの短い期間だけ劇をする。とりあえず出演して踊るけれど、次はまた別の役者がちゃんと登場して踊る。

その継承性というものは、人間にとって根源的な安心につながります。その安心感こそ、文化、文明の本質と言うことができます。

日本、特に東京に住む知人は、死ぬことが怖いと言います。まあ、誰にとっても自然で当たり前の感覚ですが、死を過剰に怖れるということは、東京に人が生きる舞台が失われているからじゃないかな、とも思います。

土地や記憶を継承することなく、再開発にしても、その効果の検証をするひまもなく、バーチャルなお金を回転させるために次々と地面を更新していて、その薄っぺらな様子を見ると、自分が死んだ後もこれが続くのかと怖くなる。全然安心できない。［▼50］

歴史的に継続する時間と、場所が持つ地質的な空間のなかで、コミュニケーションの場となる建築物を通じて、人は根源的な安心感を得ることができる。長岡では、もうすでにその取り組みが始まっている。

ところで、東京はどうだろうか。確かに、東京では、一〇〇年、二〇〇年の長い時間に耐えられる建築物というのは、想像するのが難しい。しかし、《新国立競技場》には、継続性のある舞台が存在しているかもしれない。隈は《新国立競技場》に、このような期待を寄せている。

> 《新国立競技場》は、でき上がった後のエイジングの仕方が、一番大事です。周りの環境である杜に、《新国立競技場》の木の色もだんだん馴染んでいくことでしょう。オリンピックよりも後の時代に、市民が楽しむことができる競技場です。
>
> オリンピックという大イベントが開催されますが、基本的に、日常生活の中で、多くの人がこの建物を使うわけですから、オリンピックよりも後の楽しみ方が大事です。そのために、「空の杜」という名前で、市民がいつでも利用できる空中散歩道をつくりました。これは、市民が自由に歩いたり、走ったりすることが可能な一周八五〇メートルのプロムナードです。
>
> この「空の杜」だけではなく、《新国立競技場》の目の前に、流れる小川のせせらぎが聴こえますし、いろいろと楽しめる場所をたくさんつくっています。これだけの大規模なスポーツ施設が木からでき上がるというのは、おそらく今までに経験したことがないから、市民が喜んで遊んでくれるのではないかと期待しています。［▼51］

継続性のある舞台は、市民がつくるのである。そして、周りの環境である杜に「《新国立競技場》の木の色もだんだん馴染んでいく」という意味は、一つは、木という素材は変化し続けるということであり、もう一つは、一〇〇年、二〇〇年の時間を積み重ねることで、木の建築は、その場所性を際立たせていくということである。これは、時間的に開かれている建築である。隈建築においては、場所、素材、技術に、さらに時間が加わったのである。

第7章

世界の環境に愛される建築――隈の海外時代

1　ローカルでもなく、グローバルでもなく

漂う人として生きる

二〇〇〇年代半ばから隈研吾は、日本国内だけではなく、海外のプロジェクトに力を入れている。最初のうちは苦労が多かったことをこれまでに述べてきたが、近年になると、国際設計コンペで最終選考に残り、一等当選を果たすプロジェクトが増えてきた。こうしたコンペ要綱では、すでに基本計画が練られている場合が多いが、海外のプロジェクトのなかには、施設に必要となる機能などの条件から設定していくことを要求される場合もある。これらのプロジェクトは世界各地に点在している。

これから二〇一〇年代の建築物を中心として、海外のプロジェクトが実現していく流れを詳しく述べるうえで、前章で触れた原広司の隈研吾評について、もう一度、思い出していただきたい。原によれば、隈は「ローカルアーキテクトでないことはもとより、グローバルアーキテクトでもなく、ワールドアーキテクトになろうとしている」[▼1]というのだが、これはどういう意味なのだろうか。

おそらく、ローカルアーキテクトというのは、自分が生まれた場所、あるいは自国の地域性に根ざす材料と技術に基づいた建築物をつくる人のことであり、例えば、メキシコのルイス・バラガンやイタリアのカルロ・スカルパなどの二〇世紀に活躍した建築家はこれに当たるだろう。一方で、隈の場合、スイスの伝統建築の石積み屋根から着想を得た、スイス連邦工科大学ローザンヌ校の《アート・ラボ》（二〇一五年）に明らかなように、ヨーロッパの土地に古くからある材料と技術を活かし、現代的な表現にする。隈研吾という日本人建築家がそれを遂行することは、いわばヨーロッパのよそ者であることを逆に長所にして、西洋の伝統建築を発展させることであり、新しい動向である。長い生涯を通じて自分が生まれ育った場所にとどまり、伝統的な組積造で色彩豊かな厚い壁をつくり、現代メキシコ建築として表現したバラガンなどと、隈との決定的な相違である。

とはいえ、隈の立場に立つと、場所にある材料と技術で建築物をつくることとは、一九九〇年代の地方の一〇年間で学んだ方法であり、日本の地方だけではなく、世界の環境でも実践していると言うこともできる。「環境」というのは固有解であり、「目の前」のことである。だから、継続する環境を考え、増築し、あるいは減築し、オブジェクトをデザインするのではなく、世界の環境に愛される建築というのは、〝漂う人〟にふさわしい、この新しい動向を指す言葉である。そういうわけで、「西洋の伝統建築を受け継ぐことに対して、非西洋人による行為が認められるのか、クライアントから異論がないのか」と質問をぶつけると、同じ土俵に乗ることはないと隈から諭された。

自分は非西洋人を代表しているデザイナーであるとか、あるいは自分が西洋人であるとか、もはやあまり考えなくてもいい気がします。自分は〝漂う人〟であると感じますし、〝漂うデザイナー〟がこれから登場するでしょう。

なぜかと言えば、僕の建築に対する見解は、クライアントによっていろいろと異なるからです。例えば、ローザンヌ校の《アート・ラボ》に関して、クライアントは「やっぱりアジア的なところがある」と話していましたが、しかし実際のところ、あの建物にアジアを見る人もいたし、スイス的なものを見る人もいたわけです。そうした複数の読み込みができる建築物を設計するのは、〝漂う人たち〟だからです。［▼2］

場所に固有の建築物を考えることとは、建築家が固定観念を持つことから程遠いだろう。「その場所の一番得意な材料を使うのがいい」［▼3］と隈は言う。

その反面、場所が育んだ性質ですらもキャラクター化して、世界のどこの場所にも、アイコン建築がつくられる時代になった。例えば、モダニズムを洗練させ、最小限の要素で構成することで、奇抜なアイコン建築を逆利用して、日本の特殊性をブランディングしている傾向がある。その日本の特殊性に惹きつけられ、世界中から依頼される仕事を受ける。これはグローバルアーキテクトの仕事術である。

その時代に「場所と建築をつなぐ」ことは容易なことではないが、スイス連邦工科大学ローザンヌ校の《アート・ラボ》では古くからある建築をジャンプさせることになるかもしれない。

鏡としての妹島和世

一九六九年に開校したスイス連邦工科大学ローザンヌ校のキャンパスは、いくつかの箱型の校舎群で構成された閉鎖的なブロック・プランである。キャンパスは、研究棟がある最寄り駅に近い北側と、学生寮や宿泊施設があるレマン湖そばの南側に分割され、ちょうど中央に位置する場所は広い空地のままだった。そこで、北側と南側に分かれ、専門領域で細分化した校舎群をつなぐ目的で、この中央の広い空地に、「学生が集まる居場所をつくりたい」という大学側からの要望があった。

国際設計コンペが開催され、二〇〇四年

Fig.66　SANAA 《ロレックス・ラーニングセンター》

Fig.67　床面が傾斜するワンルーム

に妹島和世と西沢立衛によるSANAAがこのプロジェクトを勝ち取った。二〇一〇年に竣工したSANAAの《ロレックス・ラーニングセンター》は、傾斜する床面が広がる、約一七六×一二二メートルの巨大な平屋のワンルームである。五〇万冊以上の本を所蔵する図書館、自習スペース、カフェ、レストランなどの機能が入る。巨大なワンルームとして地面から切り離した四角い箱のなかは、すべての床が三次元曲面となり、学生はスポーツクライミングしているようだ。ただし、《ロレックス・ラーニングセンター》の室内の傾斜する床面は、地面の形状に沿っているわけではなく、あくまでも四角い箱という強い作品性を示すことで、いわば想像上の地面が立ち現れていると理解できる。この内と外との分離は、モダニズムを突き詰めた極北のデザインである。

それから二年後、《ロレックス・ラーニングセンター》に隣接する文化施設をつくる目的で、国際設計コンペが開催され、隈研吾案が当選した。隈はこう考えたと言う。

キャンパスの校舎群は工学的な性格を持ち、リジッドなボックス型建築でした。このキャンパスのなかで、《ラーニングセンター》はある種のランドスケープ的な作品として、まったく違う考え方を示しました。しかし、《ラーニングセンター》は、敷地がローザンヌでなくても問題ないという、どの場所にも建つ建築です。

僕は、ローザンヌらしいものが出現する方がいいと思うし、あの硬直したキャンパスのなかでは、地元のキャンパスであることを表すのが良いと考えました。［▼4］

隈の《アート・ラボ》は、全長二三五メートルの長い勾配屋根が架けられた、北側と南側のキャンパスを結ぶ通路となる。隈事務所の設計室長によれば、「北側に研究棟や学生食堂があり、南側に学生寮があることで、一日に二回ほど往復する学生がたくさんいる。しかし、雨の日はびしょ濡れになるし、安定した動線を確保できなかった。そこで、動線を整理して、学生や教員が強い風や突然の雨を心配することなく移動できるように、一つの屋根でつないだ大通りがこの場

Fig.68 《ロレックス・ラーニングセンター》と《アート・ラボ》

Fig.69 《アートラボ》 全長235mの長い屋根の下

Fig.70 レマン湖へ向かう長い屋根

Fig.71 木の黄金色 見上げた天井

所に必要だと計画した」〔▼5〕という。この大通りとなる長い屋根の下に、美術館や地元のモントルー・ジャズカフェなど三つの機能が入る空間と、二つの孔の半屋外空間とが交互に並ぶ。

この長い屋根は、スイスの山岳地方にある石積み屋根の木造民家から着想を得たという。どのような展開を図っているだろうか。南北に延びる全長二三五メートルの屋根は、レマン湖に向かって東西方向の幅が、北側の五メートル幅から南端の一八メートル幅まで、だんだん広がっている。地面から屋根が隆起したり、沈降したり、と石積み屋根は、折り紙のように変化しながら、両端の屋根形状では、屋根が壁面につながり、複雑なねじれた形状となっている。そして、民家の黒色の「鉄平石」を葺いたこの長い屋根の下を歩いてみると、軒先から室内の天井に至るまで同じ木の黄金色に輝いていることに気づくだろう。キャンパスの周囲の建物はすべてグレーに曇っているから、なおさら見上げた天井の外から内へと続く木の黄金色が、あざやかに際立っている。

ローザンヌ校の《アート・ラボ》の設計・施工は、クライアントである大学とスイスの地元のゼネコンが契約し、その地元のゼネコンの下で、隈事務所が作業に取り組むという「デザインビルド方式」を採用している。そのために制約も多いが、「ぼくらはよりよい妥協案を見つけ、規定コストの中で実現できる最良の解決策を探るべく、粘り続ける」〔▼6〕ほかないと隈は考えている。だからこそ、《ロレックス・ラーニングセンター》の設計・施工過程で、SANAAが社会的な軋轢と闘い、「何とか勝ち抜くことで実現にこぎ着けた。コンペ案に近い状態で実現してきた」

［▼7］という SANAA の粘り強さに隈は感銘を受けている。

妹島さんとは割と一緒のクライアントになることが多い。隣同士の建物になることもあります。例えば、渋谷駅では、東口を僕が担当して、西口を妹島さんが担当しています。ローザンヌ校も隣同士です。ほかにも、僕と妹島さんを、ある種のカップルのように対照的な二つとして依頼したいと言うクライアントに何人も会いました。

そういう意味では、妹島的なるものという一種のモダニズムを煮詰めていくデザインは、いわば鏡のように自分にとっては重要です。「自分とは何か」を知るので、鏡の存在はありがたいことです。［▼8］

2　光と感動体験──《広重美術館》から《中国美術学院・民芸博物館》へ

レム・コールハースの矛盾

隈研吾と妹島和世はともに一九五〇年代生まれの建築家であり、戦後日本の建築家の「第四世代」と称される。一九一三年生まれの丹下健三などを第一世代として、第二世代の槇文彦、磯崎新、黒川紀章などが続き、戦後の高度経済成長に合わせて、日本国内を中心に目覚ましい活躍を見せた建築家たちの活動は、一九六四年の東京オリンピックで頂点に達し、一九七〇年の大阪万博を迎えた。一九七〇年代後半には、安藤忠雄、伊東豊雄などの一九四〇年代生まれの第三世代が登場し、それぞれの建築家から見たモダニズム批判を形態化した。それに続く一九五〇年代生まれの第四世代は、バブル景気に沸く一九八〇年代末に建築家としてデビューし、バブル崩壊を経験した世代である。すでに低成長時代に入った日本国内に安定した建築需要が見込めず、経済のグローバル化が進行するなかで、第四世代以降の建築家は海外の仕事が多くなった。例えば、二〇〇〇年代に中国経済が成長し、急速に開発が進むなかで、中国進出を試みた一九七〇年代生まれの第五世代の建築家たちが少なくない。

一九九八年に中国を初めて訪れて以来、約二〇年をかけて中国のプロジェクトを続けてきた隈は、経済成長に安易に便乗する姿勢に対して、このように警告を発している。

「これからの時代はここなのだ」というのは当てにならない。その時点で好景気の波に乗っている場所は、絶対に、すぐに揺り戻しが来るからです。だから、揺り戻しが今すぐに来るとしても不思議ではないと心にとめて、常にプロジェクトに取り組んでいます。［▼9］

その一方で、レム・コールハースは、世界の景気の波を捕まえようと、リサーチを進めている。この建築家は、巨大さをつくる目的のためならば、手段を選ばない。『S,M,L,XL+』によれば、「数え切れないほどの新都市に唯一生き残るタイポロジーは、超高層ビルだ。共産主義が打破されて生じるのは、第二のもっと効率のよいラッダイト主義であり、中国人はこれに助けられて、「望ましい国」、つまり、西洋の退廃、民主主義、混乱、無秩序、冷酷さが抜き取られた市場経済へと向かう」[▼10]という。

一九九〇年代後半、そんな議論が建築界の関心の的であった。

レム・コールハースは、一九九〇年代半ばになると、中国の珠江デルタなどの急速に都市化が進行する場所に興味を持ち、その市場の自由化の流れに身を任せるというよりも、前向きにグローバル化の波に乗り、神業をも披露するべきだという挑発的な姿勢を取って一躍スターになった。『S,M,L,XL』は一九九五年に刊行され、同年、コールハースはハーヴァード大学デザインスクールの教授に着任し、中国の珠江デルタを対象としてリサーチを開始した。その成果は、『Harvard Design School Project on the City 1, Great Leap Forward（大躍進）』（二〇〇一年）という極厚の書物で示され、建築界に衝撃を与えた。

序で述べたように、第四世代、第五世代の建築家たちの多くは、レムのこうした戦略に魅せられた。日本がすでに先進国であるという認識を持ち、建築に政治を持ち込まないという信念を貫く第四世代、第五世代の建築家たちにとって、コールハースは熱狂的に受け入れやすいのだろう。

Fig.72　中国　高層ビルと対峙する瓦の屋根

なぜなら、グローバル資本主義の下で、建築のあらゆる形を肯定するからである。どんな形でも肯定されるし、巨大なアイコンもまたイエスである。封印されていた近代の成長・拡大に抱いた夢が急に復活してきた。

コールハースは、お金があれば、建築は主体的になれるのだという原則を皆が忘却できるほどの巨大さを要求する。この巨大さは、無限の延長を持つ完成品であるという。その根拠となる密度、交通量などの統計を余すところなく列挙することで、巨大さの内と外とを完全に分離しようと企てる。このチャレンジは成功するだろうか。

どこからか湧いてくるあぶく銭によって建設されるビッグネスのために、二〇〇〇年代後半にコールハースは、グローバル化の時代に成長を遂げた中国経済に目をつけた。揶揄されることもあるが、中国では二〇〇八年の北京オリンピック関連の施設をはじめ、国家的プロジェクトの主役となったのは、外国人のスター建築家たちが手がけた建築物であった。例えば、「鳥の巣」と名付けられたヘルツォーク&ド・ムーロンによる《北京国家体育場》（二〇〇八年）や、コールハースが率いるOMAによる《中国中央電視台本部ビル（CCTV本部ビル）》（二〇〇八年）がそれである。

ＯＭＡは《ＣＣＴＶ本部ビル》で、単体主義建築の壮大な絵空事のように、都市の文脈を無視したメガストラクチャーを提示した。この《ＣＣＴＶ本部ビル》は、勾配のついた二本の高層タワーと、それらを地上と上空でつなぐＬ字型の巨大ブロックから構成された高さ二三四メートルの超高層ビルである。巨大さを具現化しているだけではなく、奇怪な形状をしていることから、中国では「大ズボン」というニックネームがつき、アイコン建築となった。

外国人建築家たちによるこれらのプロジェクトは、もとは国営の計画経済下の建築組織である「設計院」が実務的な作業を行っている。中国の「設計院」は、日本のアトリエ系建築事務所のようにスタディを徹底して積み重ねるというプロセスを踏むことなく、政府一括管理で大量の建築物を設計し、スピード重視の効率的な作業を行うトップダウン型の組織である。「ビッグネス」を可視化するには、権力機構が分散するのではなく、このように中国全土を一極に集め、中央集権化することで経済発展へ突き進むプログラムの成立が必要不可欠なのである。つまり、「共産主義が打破されて生じる」どころか、計画経済を徹底するために国家が国民をコントロールし、労働の自由を制限しなければならないという、二〇世紀の社会主義のテーゼを濫用しているのだ。それを厚さ七・五センチもの極厚の書物で、なぜ彼は語ろうとはしないのか。市場経済システムに依存しているエリート意識の表れに、虚無感さえも漂っている。

コールハースがむしろ指摘するのは、「第二のもっと効率のよいラッダイト主義」で市場開放へ、ということとなのだが、しかし言うまでもなく、これは職人が自分たちの仕事を奪う機械を破壊するために蜂起した運動から名付けられたもので、逆に、職人の仕事を奪うのは、古くからある町並みを破壊する超高層ビル建設という、案の定、彼が「新都市に唯一生き残る」と宣言する方なのである。

このように建築の外にいる人間が考えることにコールハースは一切言及しない。外的環境は、建築の内のすべてに影響を及ぼしているのにもかかわらず、である。建築の内では、この上下関係は、もはやお馴染みのことなのかもしれない。しかし、まずこの逆立ちした関係を元通りに戻してやらなければならない。

「切断」から「継承」へ

隈は次のように語っている。

北京は、人間がいる町です。建築にとって一番大事なことは人間がいることです。北京は、超高層建築が次々と建ち上がり、遠くから見ると、人間がいない町だと見えるかもしれませんが、実際に北京へ行ってみると、面白い人間がたくさんいます。驚くこともありますが、そのおかげで自分自身が鍛えられ、次のステップに僕は進むことができました。

中国は二面性があって、一つは、特異な超高層ビルを次々と建設するという側面です。中国のそうした側面しか日本人は見ていませんが、実は、もう一つの側面は、そのキラキラした薄っぺらな中国は嫌だと思っている中国人が大勢いるという面です。そう思っている中国人が、僕に仕事を依頼するような気がします。［▼11］

中国は文化大革命によって、建築の文化的継承が切断された。一九七八年の「改革開放」後に設計活動を始めた最初の世代は、一九五〇年代半ば生まれの隈と同世代の建築家である。その後、次第に世代の層が厚くなり、一九六〇年代から一九七〇年代生まれの若い世代を中心として、昨今、中国人建築家たちの活動が盛んになっている。《CCTV本部ビル》にシンボライズされる外国人建築家によるアイコン建築の商品展示会場としての中国建築は、新世代の中国人建築家たちの台頭によって、着実にその様相に変化が見え始めている。

確かに一方では、外国人のスター建築家たちと「設計院」が引き続き巨大建築を手がけているが、こうした状況であるからこそ、中国に古くからある材料と技術の実験を繰り返し、伝統的な構法を改良しつつ、地元の人たちとアイデアを共有していくことは、批評性を持つ。その代表的な存在は、隈が設計した杭州の《中国美術学院・民芸博物館》（二〇一五年）である。

二〇〇九年の設計開始から丸六年かけて、ようやく竣工に至った。《中国美術学院・民芸博物館》は都市をテンポラリーな場所と捉えることとは対照的な存在である。祝祭的な攻勢をかけて、人間がいる町を丸ごと囲い込むのではなく、その町のなかで、いろんな経験に潜っていくのである。具体的に検討しよう。

もとは茶畑だというなだらかな山の斜面に沿って、中国美術学院の広大な象山キャンパスが広がっている。象山キャンパスは、同学院の教授を務める建築家王澍《ワン・シュウ》によってマスタープランが描かれ、王澍が設計した校舎群が点在している。《中国美術学院・民芸博物館》の設計過程では、中国美術学院の学院長と王澍が、しばしば施工現場に顔を出し、この敷地となる地形の読み取りや、展示室に必要となる面積などの与件づくりから両者が意見交換しながら、設計が進んだ。さらに施工が終盤を迎えたところでは、隈は強く粘った。例えば、スクリーンとなる「瓦」の寸法や、色の判断、ディテールを決定する際は、隈自身が必ず現場に赴き、モックアップを確認し指示した。

《中国美術学院・民芸博物館》は二一世紀の傑作の一つとして名高いのだが、それは「建物の建設プロセスを発注者のトップから現場の作業員まで、全員が理解できていたこと」[▼12]によると隈事務所の現場担当者は話す。隈はその要因をこう分析した。


中国のどこでも上手くいくかと言うとそうでもありません。中国の社会は、人間社会です。人と人との巡り会いなのです。

《中国美術学院・民芸博物館》は、中国美術学院の学院長が建築に大変興味を持ち、発破をかけてくれたから、一般的な博物館建築を超えた建築ができました。この学院長は、「ひまわり」の点描画をよく描いている画家でもあり、この学院長から「これまでの博物館建築とは違うユニークな建築をつくりたい」と依頼を受けたのです。[▼13]

両者の仲介役を務めた、もう一人の現場担当者によれば、「中国美術学院の院長や王澍氏のそばにいて、彼らが隈さんを認めていることがよく分かった。これならプロジェクトは成功すると確信していた」[▼14]という。

このプロジェクトの設計主旨について、隈はこう明かした。

王澍がマスタープランを描いたキャンパス内に博物館を設計するのであれば、同じようなヴィンテージ瓦を使いながら、中国とも日本とも判別つかないような建築にしたいと思った。[▼15]

Fig.73　王澍《中国美術学院・象山キャンパス》

一九六三年生まれの王澍は、「最近の二五年間で、中国は伝統と豊かな文化のほとんどを捨て去った」[▼16]と語り、「彼らは、世界中の建築物のコピーを大量に建設し、都市を壊した」[▼17]と「彼ら」である設計院の著しい効率化とスピード重視の設計を「プロフェッショナル」と揶揄し、強く批判する。一方で、王澍自身のスタジオを「アマチュア・アーキテクチュア・スタジオ」と名付け、中国美術学院の学生を指導し、学生や職人と共に設計活動に取り組んでいる。

とりわけ、こうした都市開発によって廃材となった平瓦やレンガ、石材などを王澍は自主的に回収し、かつての町並みを形づくったそれらの材料を、自らの建築物の外壁などに再利用していることで知られている。例えば、象山キャンパスの校舎群では、あちこちの校舎の壁に平瓦をぎっしりと積み重ねる外観は圧巻である。これらの廃材が粗く積まれた壁は、文字通り、都市乱開発に対峙しているのだが、しかし、よく観察してみると、壁の巨大さや、開口部の不自然な形から、外部と切断された内部空間が見え隠れする。

それに対して、《中国美術学院・民芸博物館》を「瓦が浮遊している」と喩えることは、外部から内部空間へ光が通り抜けることを示唆している。隈はこう述べている。

地元杭州の古民家に多用されている無数の薄い平瓦がキャンパス内の茶畑の斜面に浮遊している、積み瓦とは対極的なイメージが浮かんでいました。[▼18]

どのように山の斜面に瓦が浮遊しているのだろうか。

現代建築家のなかで「瓦」を使う者は少なく、「瓦」は敬遠されがちだが、隈は「瓦」に興味を持っている。《呉市音戸市民センター》(二〇〇七年)の丸瓦ルーバーの屋根にはじまり、《新津・

知・芸術館》（二〇一一年）では、ステンレスワイヤーに固定した平瓦を壁のスクリーンとした。こつこつ実験を続けていくなかで、《中国美術学院・民芸博物館》では、より魅力的な「瓦」が表現されることになった。

Fig.74 《中国美術学院・民芸博物館》

この博物館では、幾重にも連なる屋根に薄い平瓦を葺くだけではなく、これらの野焼きの平瓦が数え切れないほど、極細のワイヤーメッシュに吊り下げられ、屋根からグラデーショナルに地面に届くまでの光を調整するスクリーンとなり、小鳥のさえずりに耳を傾けるような影を落とす。

博物館の中に入る光をコントロールするために、瓦を吊るし、スクリーンにしています。現地の人たちも、中国らしいと褒めてくれましたね。これは「粗いけれども、透明である」というスクリーンです。普通に考えると、粗いと透明さが失われるし、透明であれば粗さが失われてしまいます。だからこそ、ザラザラしているけれど、透明であるという感じを出したいわけです。そのために瓦を吊るだけではなく、前後に出入りを付けています。［▼19］

Fig.75　野焼きの平瓦のスクリーン

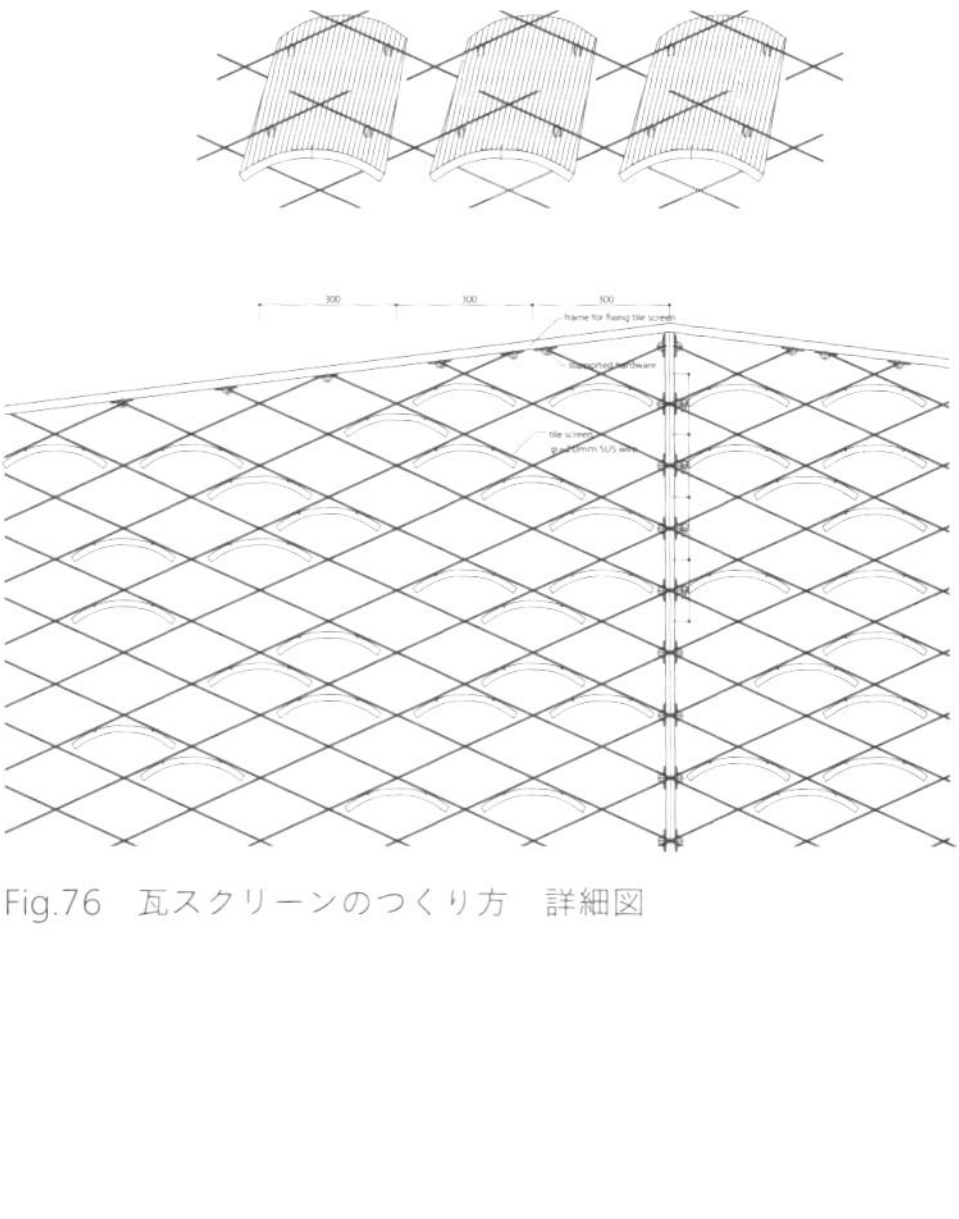

Fig.76　瓦スクリーンのつくり方　詳細図

スクリーンは、極細のワイヤーメッシュに大きめの平瓦を差し込み、その平瓦をワイヤーよりぐっと前に出したり、少し後ろに引っ込めたりして、「出入り」をつけて、デコボコさせている。それによって、均一な面から抜け出した光がふるいにかけられ、内部空間に入り込む。黒く目立たない極細のステンレスワイヤーで網の目をつくり、時間のかかる作業になるが、一つ一つの平瓦を針金で留めることで、大きめの平瓦のスクリーンがマテリアルとして効果を上げていく。マテリアルを主役とすることで新しい空間につながる可能性が高まる。

このように「粗いけれども、透明である」ことを端的に表したのが、《中国美術学院・民芸博物館》であり、日本の《広重美術館》である。「一日では、決して傑作はできない」し、「一発で、大傑作をつくろうとしても、到底無理なこと」と常に隈は言うが、双方はまさしく最高級の建築物である。これらの建築物は、一つのマテリアルで屋根も壁もつくり、軽い鉄骨で支えているという共通性を持つ。一つのマテリアルというのは、《中国美術学院・民芸博物館》では、茶畑の山の斜面に沿って、低く広がる野焼きの平瓦であり、《広重美術館》では、里山に庇を深く出した地元の八溝杉である。

まず、《広重美術館》から読み取ろう。

「場所」のベストを引き出す

栃木県の那珂川町馬頭は、里山を持つ村落である。《広重美術館》の背後に里山が控える。人里近くにある里山は、かつては薪炭用木材や山菜の採取などが行われ、地元の人の生活に結びついた山であった。しかし、戦後日本の経済発展にともない、石油などが燃料として利用され始めると、放置された状態となる。那珂川町馬頭も例外ではなく、手入れ不足の里山が荒れ放題であった。

Fig.77 《広重美術館》 光が通り抜ける屋根

そこで《広重美術館》は、「もう一度、建物を里山につなぎ直す」という目的で、道路側に入り口を置くのではなく、里山に向かう動線を整え、わざわざ里山の側にこの美術館の入り口を設けている。材料も裏山の八溝杉とした。「木はもちろん裏山の杉だけでつくると決めて、地元の職人と一緒に、徹底的に地元を大事にして設計した」[▼20]と隈は説明している。

建物全体は、平屋の単純な切妻の形である。庇を深く出した屋根は低く、とりわけファサードの存在感を消している。この江戸時代の浮世絵師・歌川広重の絵画を展示した《広重美術館》は、「瓦を屋根に葺かず、これで完成したのか」と馬頭の人もさすがに仰天したという逸話が示すように、屋根も天井も壁もすべて、地元産の八溝杉のルーバーが繰り返されている。これらは図面上では単純な線が並んでいるにすぎない。しかし実は、光の粒があふれ出しているのだ。

鉄骨の梁などの構造体を壁に隠さないのは、構法が目に見える形となることだし、柔軟な対応が可能になる。そしてなによりもまず健康的である。長く大きな面積を持つ屋根から天井にかけて、杉ルーバー同士の隙間から、あるいは鉄骨の細い構造体と杉ルーバーとの隙間から、光が通り抜けている。光が建物の仕組みを明らかにしている。構法は、構造だけではなく、空間的な意味を持つことから考えると、《広重美術館》は、見せ場として具象物が存在しているというよりもむしろ、建物全体は通過する光によって抽象化した存在として現れている。

とりわけ関心を覚えるのは、この抽象化した存在が、自然素材の生々しい杉によって成り立つところである。工業製品の厚みを十分な程度にまで薄くすることで抽象化するのではなく、木という「生々しいものを抽象化するという操作をしたとたんに、映像では絶対到達できない世界がそこにあり得るんじゃないかという気がしてきたんです」[▼21]と隈は明かした。それは「粗いけれども、透明である」ことのエッセンスである。

そこで忘れてはならないのは、もう《広重美術館》が竣工してから二〇年程が経ったことである。竣工時を知る人は、八溝杉のルーバーは竣工時よりも裏山に馴染んで、ぐっと深みを増したと喜んだ。それを聞いた私は、この日に初めて《広重美術館》を訪れたのだが、それぞれの別個の体験を自然素材が包み込むことを感じた。

野焼きの平瓦もそうだろうか。

野焼きの平瓦は、もとは茶畑である山の起伏に沿って、幾重にも広がり、なだらかに連続している。隈の初期の建築物《亀老山展望台》(一九九四年)のように、地面に建築物を埋め、消してしまうのではなく、《中国美術学院・民芸博物館》は、山の傾斜した面を残し、中国独特の素朴な濃い色調の平瓦が、山の地形を跡づけている。

山の起伏に合わせた多角形を単位として、屋根と床をポリゴン分割しながら、平行四辺形やひし形、台形などを組み合わせ、展示スペースや、講堂、会議室などの場所をつくり出している。これらの動線をつなげていくことで、山折りのひし形屋根が連続して、ジグザグに折り曲がるような形状が生まれた。建築物を消すのではなく、それぞれの場所に立つと異なる風景が次々と出現することは、「負け方」の真骨頂である。

台形や三角形が繰り返し表れる立面では、野焼きの平瓦のスクリーンが斜床に軽く影を落とし、光を調整する。山の斜面の高低差が複雑な光の空間を生み出す。それはやがて、野焼きの平瓦それ自体によって、長い時間をかけて親しみ深さを増していく建築物となるのだが、こうした山の斜面に浮遊している瓦の質感は、体験しなければ理解できないだろう。

この山の斜面に少しずつ現れ出るのは、どのような瓦なのだろうか。


これは手焼きの瓦です。日本の瓦は、基本的に、近代的な工場で焼く瓦ですから、色も寸法もすべて揃っています。しかし、中国の瓦は、今も人の手で焼いています。中国の田舎を旅行すると、田んぼのなかに、バーッと煙が上がっています。あれは瓦を焼いているのです。小さな釜をつくり、その場所にある土を手で練り、瓦を焼いています。そんな素朴なつくり方ですから、当然のことながら、寸法も揃わないし、色もバラバラです。それが逆に、色むらに味わいが出て、非常に良い質感があるので、なんとか建築に使いたいと思い続けていました。ようやく《中国美術学院・民芸博物館》で実現しました。［▼22］

隈はこう思っていたが、しかし一方で、工事中の現場チェックで、最も気がかりだったのが、この「平瓦の収まり」であった。精度の粗い野焼きの薄い平瓦で、屋根の多角形の鋭角部をどう

Fig.78　山の斜面にひし形の屋根が折り重なる

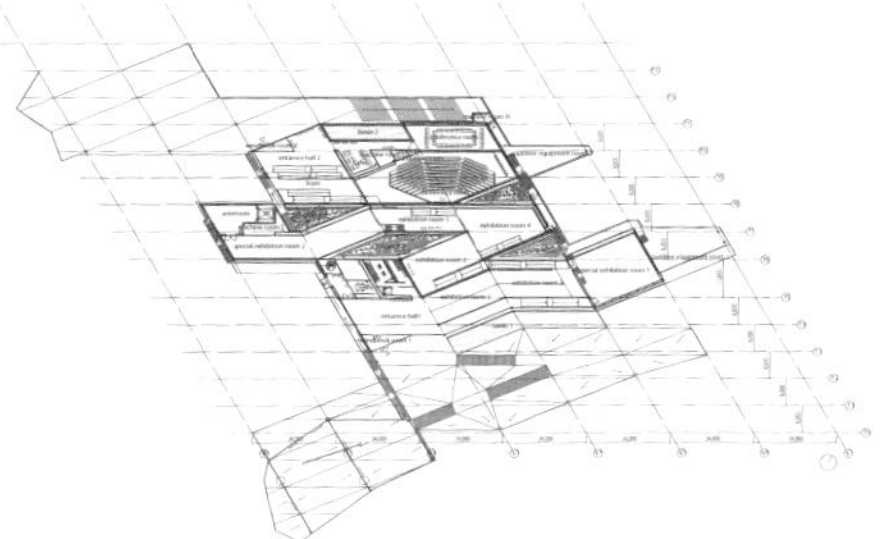

Fig.79　山の高低差を立体化する　平面

Fig.80　《中国美術学院・民芸博物館》　講堂

処理できるかは、この建築物の命運をかけた山場だったからである。

例えば、最新の高度な技術によって屋根の鋭角部のエッジを処理することも可能である。とはいえ、山の斜面に少しずつ現れ出る形として、工業製品の瓦が並び揃うというのは、やはり不自然であろう。この建築物の屋根と壁がすべて工業製品の瓦であることを想像するとゾッとして背筋が凍りそうだ。


《中国美術学院・民芸博物館》は、屋根に瓦を葺くのですが、屋根は平行四辺形になっています。この平行四辺形の端の鋭角のところに瓦が上手く葺けるのかと思い、かなり心配しましたが、現場の人たちは、平行四辺形に合わせて、瓦を上手く葺いてくれました。中国人は瓦を扱うのが得意であることが確かめられました。

例えば、中国で木を使うと、そうも行きません。スギの木目の整え方や、赤味と白味のバランスの取り方などは、日本の大工はこちらの期待以上の技術力を発揮してくれます。しかし、中国では、それほど調子よく行きません。つまり、その場所の一番得意な材料を使うのがいいと思うのです。[▼23]

この隈の考えによれば、現地の人が瓦を上手く葺いたのは、彼らが最新の製品を大量生産したということではなく、いわば人の手がつくる味わい深さを表したことを意味している。「その場所で最も高く評価できることは何かと言われると、こうした手づくりの瓦は、畑のなかで焼いているわけですから、遅れていると言えば、遅れているのでしょう。しかし、遅れているからこそ面白くて、その場所の長所になることは、世の中にたくさんあります」〔▼24〕と隈は断言している。

商品価値としては、野焼きの平瓦は劣った存在であるかもしれない。しかし、こうした手仕事によって生み出された瓦群のノイズは、何を意味するのだろうか。それは、この瓦群のノイズが発生するプロセスからわかるように、わずかでも劣化すると「欠陥品である」と考えることではない。そうではなく、時間が経過していくにつれて、どんどん良くなると考えることに人が向かう契機となることを意味している。そして、その背後には「継承性」がある。この野焼きの瓦群は、おそらく隈のデザインが「音楽的でありたい」〔▼25〕ことを表すのだろう。

《中国美術学院・民芸博物館》では、懸念された平瓦による鋭角部の処理は、シャープさを追い求めていく方向ではなく、逆に、精度にバラツキのある平瓦が広範囲にわたって屋根に拡散することで、難問の解決が導き出された。

3　環境のリノベーション

先入観のない冒険

中国と日本の現政治体制には異なる面が少なくないが、こと木造建築の技術においては、中国と日本に古くから行ったり来たりとやり取りがある。「純粋な和風はなかった」と言われることさえあるほどだ。こうした中国から日本に技術が伝播した流れについて、隈の意見を聞いた。

「日本建築の基本的な技術として、例えば、木造の屋根を支える「斗栱」という架構の技術は、中国から日本にやって来ています。中国の「斗栱」は、日本に比べると、さまざまなバリエーションがあります」[▼26]と教えてくれた。隈建築のなかでも、高知県梼原町の《木橋ミュージアム》は、一本の橋脚から「斗栱」を繰り返し持ち出していく屋根付き木橋であり、現代に至るまで建築の技術においては、中国と日本は確実な関係性を持つと言っていいだろう。

しかし一方で、と隈は指摘する。

中国と日本を比べて、中国を日本よりも下に見て、日本の方が建築を洗練させたという見方の人もいます。けれども、僕はまったくそう思いません。というのは、日本建築は、物凄く繊細なものに洗練していくけれど、それは行き詰まる感じがするからです。逆に、中国建築は〝冒険精神〟のような面白さを持っています。僕は、洗練していくけれど、行き詰まっていくという日本的な感じが好きではないから、そこのところで中国人と波長が合うのではないかと思います。僕は日本人ですが、中国に僕の建築のファンが多いことの理由の一つは、それです。〔▼27〕

日本建築が非常に繊細なものに洗練していくことは、これまでに述べたように、現代社会のなかで、もう一つの側面を持っている。この日本の特殊性をターゲットにして、世界中から日本人建築家に対して、実施設計の依頼や、国際設計コンペ参戦の誘いが舞い込むようになったからである。それは、グローバル時代の建築的キャラクターの一種である。

もう一つの理由は、と隈は続けた。

中国で僕の建築のファンが多いことのもう一つの理由は、僕の本をたくさん出版したからでしょう。ほとんど全部の僕の本が中国語に翻訳されています。中国人は、ロジカルなものに対する尊敬の気持ちを持っています。中国では、本の中にしっかりとした哲学があると、必ずそれを尊重するという文化があります。例えば、『論語』を中心に、儒教があるように、中国は、本に基づいて文化が成立するところがあります。それとは違い、日本人は、お互い何も言わなくても、相手は自分のことをわかってくれるだろうとか、言葉にしなくても、スムーズに仕事できるだろうとかいった具合に、阿吽の呼吸を重んじています。日本人はロジカルであるというよりも、仲間内だけの阿吽の呼吸みたいなところがあります。［▼28］

国際レースに駆り出されて出走する時代に、日本の特殊性によって世界中のどこの場所にでも建築をつくることを目的とするなかでは、内と外を分けて、仲間内の結束力を高める必要がある。言葉による説明などしなくても、阿吽の呼吸だけで、物事が順調に進むぐらいに、特定の対象でなければならない。

隈の場合、どうだろうか。「日本みたいな建築の精度だったらどんどんそっちの抽象化を追いかけてもいいんだけれど、日本以外のところで抽象化をやろうとしても、絶対フラストレーションが溜まる」［▼29］とつくり手としても異なる見解を示す。確かに、隈がこうした傾向から一線を画していることは認められるわけだが、近年、隈建築が高い支持を得ている状況から見ると、隈の方法が次第に浸透していくようだ。

かつて地元の人たちの声を聞き、導き出した「地方の建築」は、最近では海外でも通じている。市民と建築家が協力関係を築き、継続する環境をデザインしていく。新築ではなく、「環境のリノベーション」[▼30]的手法とそれを隈は呼ぶ。その一つとして、スコットランド東海岸の重層的環境づくりを最後に触れておこう。

人間が生きることに寄り添う建築を

《ヴィクトリア&アルバート・ミュージアム・ダンディ》は、コンペで選出されてから二〇一八年の竣工に至るまでに八年間を要した。日本では、およそ設計一年と施工二年の計三年ほどの設計・施工期間がせいぜいのところだが、海外では、コストの捻出や政治情勢などの事情によって、より長い時間が流れる場合が多い。

この設計・施工期間のなかで、プロジェクトが始まって間もなく、二〇一一年に三・一一の大地震が発生した。激しく押し寄せた津波によって、東北は壊滅的被害を受けた。三・一一の大地震から隈が感じ取ったものは何か。それを最も先鋭的に表すのが、『場所原論』の冒頭に掲載された、震災直後の東北に入り、被害を目の当たりにした隈の立ち姿である。全壊した建築物が町全域に及んだ南三陸町にて、隈は茫然自失であった。否定的な強い衝撃を受けた。落ち着いて理性を取り戻すなかで、人間のことを強く思った。この同時期に設計したのが、《ヴィクトリア&アルバート・ミュージアム・ダンディ》である。

津波の被害を受けてもなお、海を愛し続ける南三陸の人々の熱い気持ちから、隈が与えられたものは、決して少なくなかった。それは、南三陸町の二つの商店街の再生プロジェクトとして、いわば環境をリノベーションし、もう一度、地盤からつくり直した《南三陸さんさん商店街》（二〇一七年）と《南三陸ハマーレ歌津》（二〇一七年）に具現化したが、同時期に設計作業に取り組んだ《ヴィクトリア&アルバート・ミュージアム・ダンディ》のプロジェクトのなかにも、東北の復興に努力を続けている人々への思いが込められている。

イギリス北部のスコットランド・ダンディ市を流れるテイ川の河口に、川に張り出すように立地を生かしている。海と陸を隔てるスコットランドの崖の地層から着想を得たという、その荒々しい崖の地層は、東北三陸沖の複雑な海岸線の景観と重なり、隈により一層イメージを喚起させた。海に向かい川に張り出した形は、八年間のプロジェクトを継続するなかで確かなものとなった。

自然な崖の荒々しさを表現するために、粗い枠石を骨材に使い、高圧の水で洗い出すことで粗さを可視化し、プレキャストコンクリートをつくっている。このプレキャストコンクリートは建物全体を形づくり、一層ごとに隙間をあけることで、光を浴びながら、陰影の深さを刻印している。こうした隙間をあけることは、プレキャストコンクリートが奥の躯体をはっきりと見せることでもある。建築が構造的なものを隠さずに見せることは、これまでに述べてきたように隈の基本的姿勢であるが、この建築では、「文楽的」と批評した人がいたという。つまり、人形を操る裏方である黒子を見せるという文楽の手法が見て取れると言うのである。すると、自然素材が劣化し

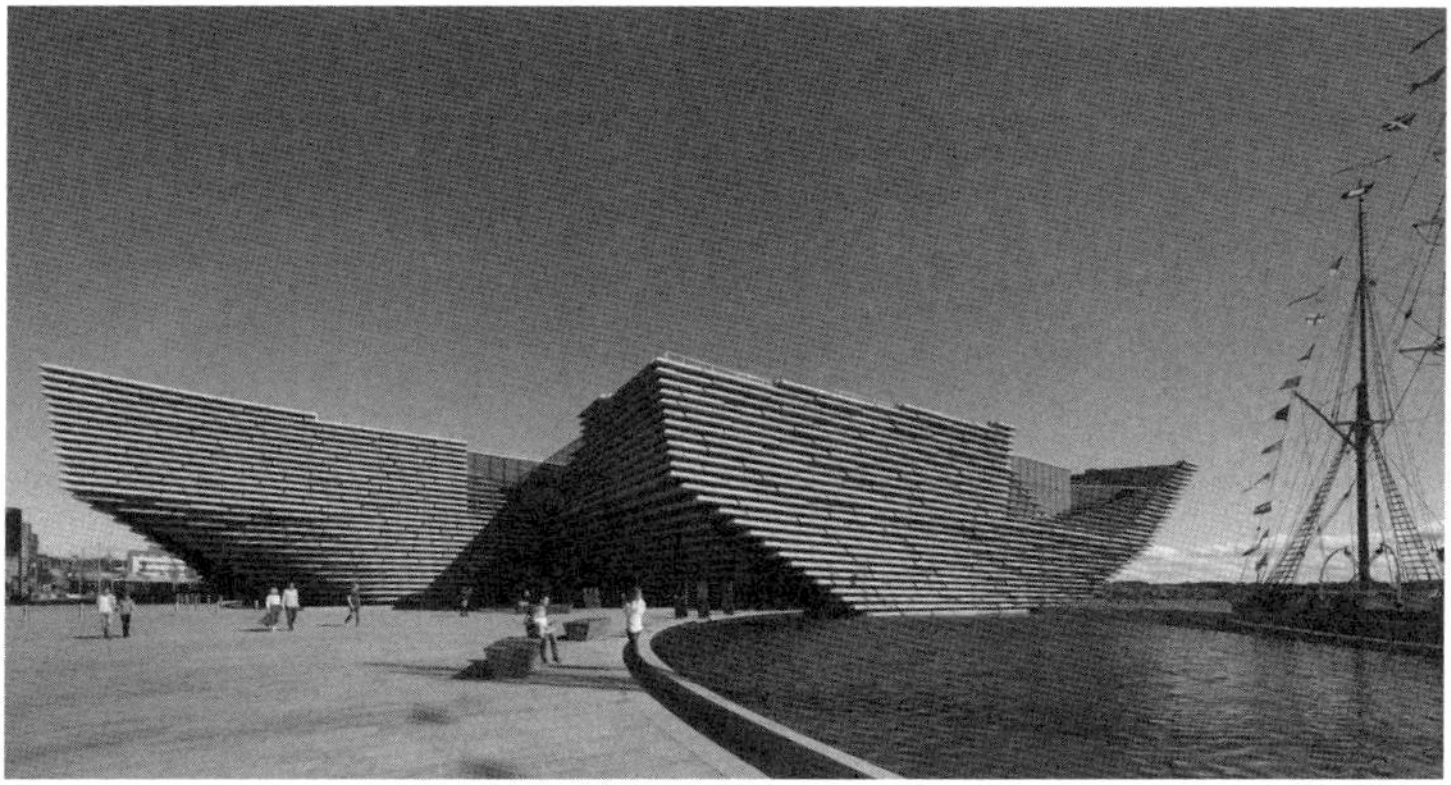

Fig.81 《ヴィクトリア&アルバート・ミュージアム　ダンディ》

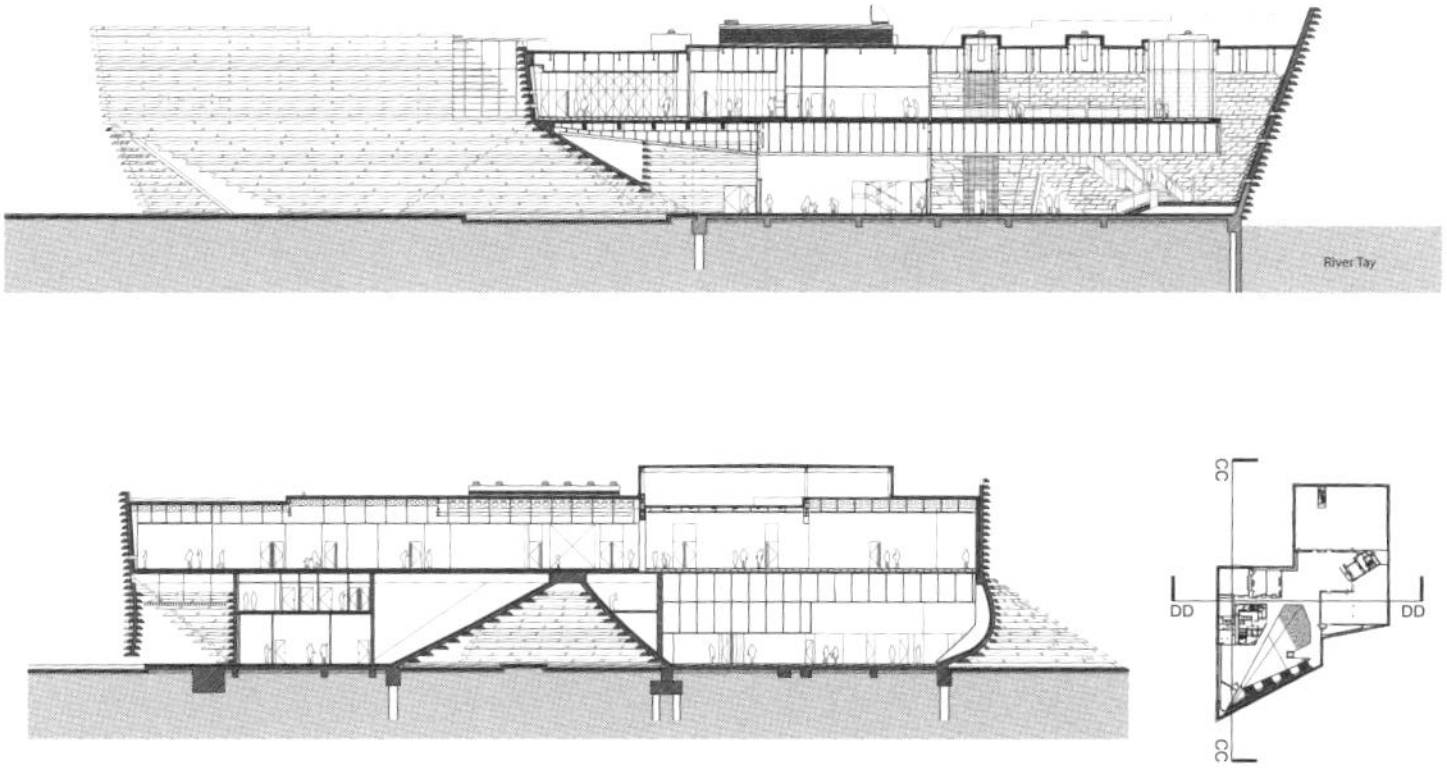

Fig.82 《V&A Dundee》 断面

ていく経年変化は、人形が感情豊かに物語ることになるのだから、複数の読み込みが行われるなかで、切れ味の良い形容である。その裏方に徹した黒子の登場から八年前に時間を巻き戻し、最初に敷地を訪れたときの隈の印象はどうだったのだろうか。「スコットランドの敷地を訪れたとき、その自然の美しさが印象に残りました。それは東北が二〇一一年に大きな津波で破壊されたにもかかわらず、依然として最も美しい地帯の一つであることと共通しています。こうした場所は、厳しい自然の中で人間が生きるというエネルギーを感じます」[▼31]と欧米誌のインタビューで隈は述べている。さらに話を聞いた。

日本の国内にも、いろいろな場所があるということです。いろいろな場所があるなかで、東北とスコットランドの荒々しい崖は共通性を持つということです。

僕よりも上の世代の建築家というのは、日本対西洋という構図で考えていました。しかし、僕は、日本には、いろいろな場所があると考えています。東北とスコットランドの自然景観の共通性は、厳しい気候に鍛えられ、厳しい条件のなかから粘り強く出てくることです。スコットランドの崖を見たとき、海から押し寄せる波の力にさらされながら、くじけずに頑張っているところがスコットランド的だと感じました。それは、東北の海岸沿いにも感じる性質です。この〝耐えて耐えて頑張る〟という感じを、建物に表したいと試みました。[▼32]

「厳しい気候に鍛えられ、厳しい条件のなかから粘り強く出てくる」「くじけずに頑張っている」「耐えて耐えて頑張る」といった、これらの隈の発言には、東北とスコットランドの自然環境が類似しているだけではなく、人間が生きるという力が働いている。否定的な強い衝撃によって厳

Fig.83 《V&A Dundee》 川に張り出した形 内観

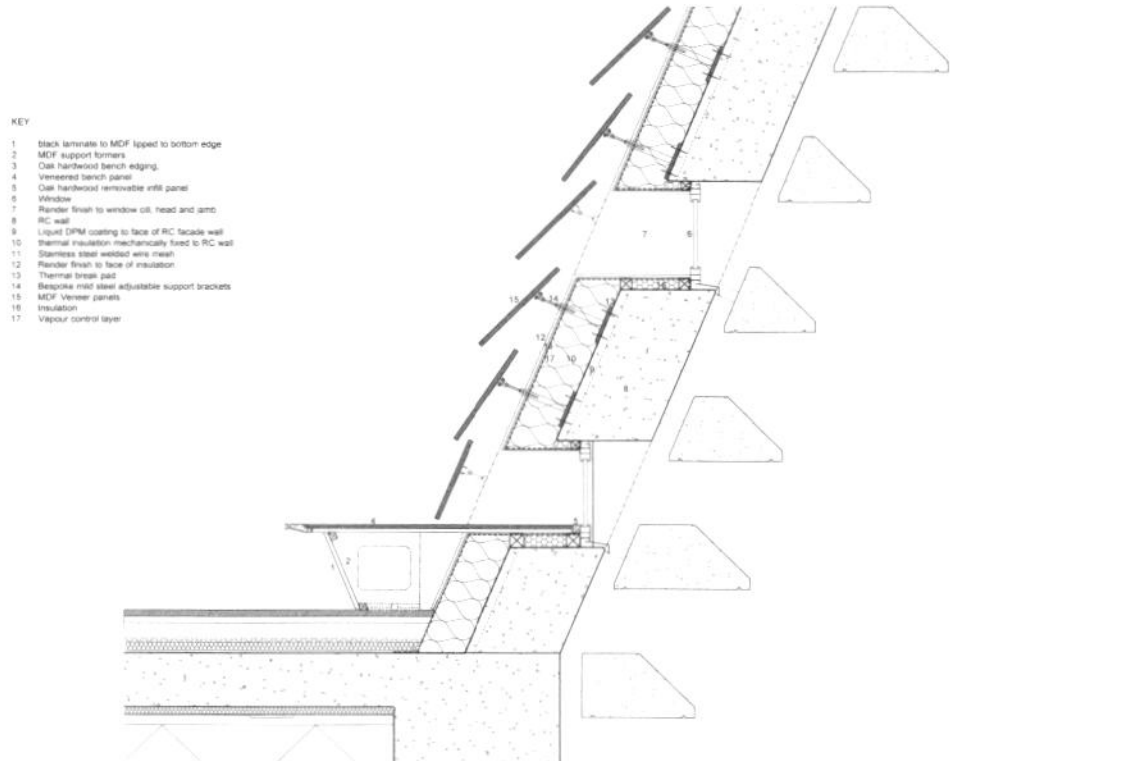

Fig.84 《V&A Dundee》 外壁の粗いPCコンクリートと内壁の木の板 断面詳細

しい生活を強いられている人間という主語がある。それは観念がシステムを構築することではないし、おそらく、商品性という概念とは、まったく違う場所への接近である。「物質を媒介としない場所論を、僕は信用しない。ナショナリズムは、そんな抽象的で空疎な場所論の典型である」〔▼33〕と隈は警告している。人間がいるからこそ、建築がある。

それは平和であることが偶然に生まれないことと同じである。

最近、《ヴィクトリア&アルバート・ミュージアム・ダンディ》のオープニングで、ダンディの街に五日間滞在した隈は、「こんな形で、市民と一緒に、強い一体感を抱きながら、建物のオープニングを迎えたことはかつてなかった」〔▼34〕と喜びを語った。八年間の全員の思いを引き受けて、竣工した建築物の周りを取り囲み、建築家の国籍や人種の壁なく、市民と建築家が一緒になって笑い合い、声を上げる姿がそこにあった。

華やかなスター建築家をやめて、というのはいささか大げさなのだが、しかし、この本に紡ぎ出された隈の言葉の数々は、作品性を執念深く追い求めるという巷に流布している建築家のイメージからはおよそ得がたいアイデアに溢れた極めて明瞭なものであった。

隈の樹形図は、これから先に、種々の枝葉が伸び、樹形は分岐して、ときにはジャンプするだろう。

あとがき

こうして本書がひとまとまりの形を持ったのは、とにもかくにも隈研吾氏のおかげである。隈氏は、こちらからきわどい質問や、デリケートな質問を投げかけたこともあったが、「ノーコメント」ではなく、あらゆることを話してくれた。時には、落とした単語を拾ってくれた。

こちらが思い浮かんだのは単語一つであったが、そこから隈氏が問題の本質に迫る内容に展開していくスリリングな場面があったのは一度ばかりではない。

隈研吾氏に、感謝の気持ちをお伝えしたいと思う。建築家のユニークな一連の思考を解明しようと取り組むなかで、隈氏から新しい線が引かれ、その可能性を広げる機会が与えられたことは、非常に貴重なことであった。

そして、真壁智治氏のお勧めがなければ、本書は刊行されることはなかっただろう。本書の完成に向けて、日頃から大いなる励ましで著者を支えてくれ、重要なご意見をくださり、真壁氏の誠実さに心打たれた。心からお礼申し上げます。

編集作業においては、NTT出版の山田兼太郎氏にお世話になった。機転が利く山田氏の熱心な働きぶりに、末尾を借りて、ありがとうと言いたい。

注

序

▼1　五十嵐太郎、南泰裕編『レム・コールハースは何を変えたのか』鹿島出版会、二〇一四年、三一三頁

▼2　同前、三一五頁

▼3　同前、カバーのそで部分

▼4　同前、三一七頁

▼5　レム・コールハース『S, M, L, XL+』太田佳代子、渡辺佐智江訳、ちくま学芸文庫、二〇一五年、五一頁

▼6　隈研吾『負ける建築』岩波書店、二〇〇四年、二一二－二一三頁

▼7　トマス・モア「ユートピア」、沢田昭夫訳、渡辺一夫編『世界の名著、エラスムス、トマス・モア』中央公論社、一九六九年、三六六－三六七頁

▼8　ソフィー・ウダール、港千尋『小さなリズム』加藤耕一監訳、鹿島出版会、二〇一六年、二一二頁

▼9　著者によるインタビュー（二〇一七年一〇月一日）

▼10　同前

▼11　同前

▼12　前掲、隈『負ける建築』、二一四－二一五頁

第1章

▼1　『隈研吾読本――1999』エーディーエー・エディタ・トーキョー、一九九九年、四六頁

▼2　著者によるインタビュー（二〇一七年一〇月一日）

▼60 著者によるインタビュー(二〇一八年五月一八日)

▼61 前掲、隈、講演「ささやく物質、かたる物質」

▼62 同前

▼63 同前

▼64 『日経アーキテクチュア』による隈研吾へのインタビュー

▼65 前掲、隈事務所編『隈研吾/極小・小・中・大のディテール』、一二頁

▼66 著者によるインタビュー(二〇一八年一月一四日)

▼67 同前

▼68 同前

▼69 磯崎新、藤森照信『磯崎新と藤森照信の茶席建築談義』六耀社、二〇一五年、三〇一頁

▼70 著者によるインタビュー(二〇一八年一月一四日)

▼71 隈研吾『場所原論』市ヶ谷出版社、二〇一二年、七七頁

▼72 隈研吾『オノマトペ建築』エクスナレッジ社、二〇一五年、四三頁

▼73 著者によるインタビュー(二〇一七年一一月一九日)

▼74 著者によるインタビュー(二〇一八年一月一四日)

第6章

▼1 前掲、隈『Studies in Organic』、二九頁

▼2 先端テクノロジーサミット2017(ベルサール新宿、二〇一七年一〇月一一日)

▼3 同前

▼4 同前

▼5 同前
▼6 前掲、養老、隈『日本人はどう住まうべきか?』、一四一頁
▼7 同前、一四一頁
▼8 『隈研吾読本II——2004』エーディーエー・エディタ・トーキョー、二〇〇四年、一九六頁
▼9 同前、一九六頁
▼10 同前、一九六頁
▼11 同前、一九六頁
▼12 同前、一九六頁
▼13 同前、一九六頁
▼14 著者によるインタビュー(二〇一八年一月一四日)
▼15 前掲、先端テクノロジーサミット2017
▼16 前掲、隈、講演「隈研吾と考える『世界における日本の戦い方』」
▼17 同前
▼18 著者によるインタビュー(二〇一八年七月一八日)
▼19 『新建築』二〇一八年四月号、新建築社、一七頁
▼20 Newsletter #8、隈研吾建築都市設計事務所、(二〇一八年五月二五日)
▼21 著者によるインタビュー(二〇一八年七月一八日)
▼22 著者によるインタビュー(二〇一八年五月一八日)
▼23 同前
▼24 河田智成編訳『ゼムパーからフィードラーへ』中央公論美術出版、二〇一六年、五五-五六頁
▼25 著者によるインタビュー(二〇一八年五月一八日)

▼26 『日経アーキテクチュア』による隈研吾へのインタビュー
▼27 著者によるインタビュー(二〇一八年七月一八日)
▼28 「ライフルホームズプレス」<www.homes.co.jp>(二〇一六年五月一八日)
▼29 著者によるインタビュー(二〇一八年一月一四日)
▼30 Newsletter #10、隈研吾建築都市設計事務所(二〇一八年八月九日)
▼31 同前
▼32 著者によるインタビュー(二〇一八年一月一四日)
▼33 dezeen.comによるインタビュー(二〇一六年五月九日号)
▼34 著者によるインタビュー(二〇一八年一月一四日)
▼35 原研哉編『みつばち鈴木先生——ローカルデザインと人のつながり』羽鳥書店、二〇一四年、二九四頁
▼36 同前、二九四頁
▼37 著者によるインタビュー(二〇一八年七月一八日)
▼38 前掲、隈『建築家、走る』、二二五頁
▼39 隈研吾、森本千絵、藤井保『aóre』丸善出版、二〇一三年、一〇二頁
▼40 前掲、隈『建築家、走る』、二二八頁
▼41 前掲、隈、森本、藤井『aóre』、九一頁
▼42 著者によるインタビュー(二〇一七年一〇月一日)
▼43 スティーブン・ブルームへの著者によるインタビュー(二〇一七年八月二五日)
▼44 前掲、隈『なぜぼくが新国立競技場をつくるのか』、一一七頁
▼45 同前、一一六頁
▼46 著者によるインタビュー(二〇一八年七月一八日)

▼47 著者によるインタビュー(二〇一八年九月七日)
▼48 著者によるインタビュー(二〇一八年七月一八日)
▼49 前掲、養老、隈『日本人はどう死ぬべきか?』、二二七頁
▼50 同前、二二九-二三〇頁
▼51 著者によるインタビュー(二〇一八年七月一八日)

第7章

▼1 前掲、『新建築』二〇一八年四月号、一七頁
▼2 著者によるインタビュー(二〇一八年七月一八日)
▼3 同前
▼4 同前
▼5 ハビエル・ビジャール・ルイスへの著者によるインタビュー(二〇一七年九月一三日)
▼6 隈研吾、講演「設計者の立場から」(二〇一七年八月二四日)
▼7 『GA JAPAN』108号、エーディーエー・エディタ・トーキョー、二〇一一年一-二月、六八頁
▼8 著者によるインタビュー(二〇一八年七月一八日)
▼9 同前
▼10 前掲、コールハース『S, M, L, XL+』、三一四頁
▼11 著者によるインタビュー(二〇一八年七月一八日)
▼12 『日経アーキテクチュア』日経BP社、二〇一六年四月一四日号
▼13 著者によるインタビュー(二〇一八年七月一八日)
▼14 前掲、『日経アーキテクチュア』二〇一六年四月一四日号

▼15 同前
▼16 ハーヴァード大学デザイン大学院におけるレクチャー(二〇一一年)
▼17 同前
▼18 『GA JAPAN』139号、エーディーエー・エディタ・トーキョー、二〇一六年三-四月、八-九頁
▼19 著者によるインタビュー(二〇一八年七月一八日)
▼20 前掲、隈、講演「隈研吾と考える『世界における日本の戦い方』」
▼21 隈研吾建築都市設計事務所編『隈研吾/マテリアル・ストラクチュアのディテール』彰国社、二〇〇三年、六二頁
▼22 前掲、隈、講演「ささやく物質、かたる物質」
▼23 著者によるインタビュー(二〇一八年七月一八日)
▼24 同前
▼25 著者によるインタビュー(二〇一八年九月七日)
▼26 著者によるインタビュー(二〇一八年七月一八日)
▼27 同前
▼28 同前
▼29 市川紘司編『中国当代建築』フリックスタジオ、二〇一四年、四頁
▼30 Newsletter #13、隈研吾建築都市設計事務所(二〇一八年一一月九日)
▼31 designboomによるインタビュー(二〇一八年七月五日)
▼32 著者によるインタビュー(二〇一八年七月一八日)
▼33 前掲、『JA』109号、八頁
▼34 Newsletter #12、隈研吾建築都市設計事務所(二〇一八年九月二八日)

図版目録

Fig.1：著者撮影／Fig.2：同前／Fig.3：同前／Fig.4：隈研吾建築都市設計事務所提供／Fig.5：同前／Fig.6：同前／Fig.7：著者撮影／Fig.8：同前／Fig.9：同前／Fig.10：隈研吾建築都市設計事務所提供／Fig.11：著者撮影／Fig.12：同前／Fig.13：同前／Fig.14：同前／Fig.15：同前／Fig.16：同前／Fig.17：同前／Fig.18：同前／Fig.19：同前／Fig.20：同前／Fig.21：同前／Fig.22：同前／Fig.23：同前／Fig.24：同前／Fig.25：同前／Fig.26：隈研吾建築都市設計事務所提供／Fig.27：同前／Fig.28：同前／Fig.29：同前／Fig.30：同前／Fig.31：学園17期生・横浜国立大学名誉教授有江大介氏提供／Fig.32：著者撮影／Fig.33：同前／Fig.34：同前／Fig.35：隈研吾建築都市設計事務所提供／Fig.36：同前／Fig.37：著者撮影／Fig.38：同前／Fig.39：同前／Fig.40：同前／Fig.41：同前／Fig.42：同前／Fig.43：同前／Fig.44：同前／Fig.45：同前／Fig.46：同前／Fig.47：同前／Fig.48：同前／Fig.49：同前／Fig.50：隈研吾建築都市設計事務所提供／Fig.51：著者撮影／Fig.52：隈研吾建築都市設計事務所提供／Fig.53：同前／Fig.54：著者撮影／Fig.55：同前／Fig.56：同前／Fig.57：同前／Fig.58：同前／Fig.59：同前／Fig.60：同前／Fig.61：同前／Fig.62：同前／Fig.63：同前／Fig.64：同前／Fig.65：隈研吾建築都市設計事務所提供／Fig.66：著者撮影／Fig.67：同前／Fig.68：同前／Fig.69：同前／Fig.70：同前／Fig.71：同前／Fig.72：同前／Fig.73：同前／Fig.74：同前／Fig.75：同前／Fig.76：隈研吾建築都市設計事務所提供／Fig.77：著者撮影／Fig.78：同前／Fig.79：隈研吾建築都市設計事務所提供／Fig.80：著者撮影／Fig.81：V&A Dundee提供／Fig.82：同前／Fig.83：同前／Fig.84：同前

［著者紹介］
大津若果（おおつ・みずか）
1975年生まれ。建築史、建築研究。早稲田大学大学院理工学研究科建築学専攻博士課程満期退学、東京大学大学院工学系研究科建築学専攻　論文博士（工学）。文化庁芸術家派遣在外研修員でメキシコに滞在。摂南大学理工学部建築学科　非常勤講師。博論「メキシコにおける機能主義建築と地域主義建築に関する研究――ルイス・バラガンとファン・オゴルマンを事例として」、『世界の名作住宅をたずねる　ルイス・バラガンの家』（共著、新潮社）。

建築・都市レビュー叢書 05
隈研吾という身体
――自らを語る

2018年12月19日　初版第1刷発行

著　者　大津若果

発行者　長谷部敏治

発行所　NTT出版株式会社
〒141-8654　東京都品川区上大崎3-1-1　JR東急目黒ビル
営業担当／TEL 03-5434-1010　FAX 03-5434-1008
編集担当／TEL 03-5434-1001　http://www.nttpub.co.jp

造本設計　松田行正＋杉本聖士

印刷・製本　中央精版印刷株式会社

ISBN 978-4-7571-6076-7 C0052

建築・都市レビュー叢書　創刊の辞

21世紀の建築と都市のための議論を生む新しい知のプラットフォームを築く必要があります。そのために20世紀を生んできたこれまでの知の棚卸しを図り、新たな時代のパラダイムに対応する論考＝レビューのための場づくりが求められています。本叢書の主題は、現在の建築・都市に潜む事態・事象・現象・様相等のその問題性を指摘し、新たな局面を切り開いてゆくための独創的な力を示すことにあります。そして、レビューの機会をより多くの世代間、分野間に拡げ、そこから議論と理解を深め問題の所在を明らかにしてゆきます。

本叢書が、21世紀の建築と都市にわたる論考の場を活発化することを期待しています。

叢書キュレーター　真壁智治